Kay Hoffman
Starke Gefühle

W0065837

Kay Hoffman

Starke Gefühle

... wahrnehmen, zulassen, ausdrücken

Ein Selbsterfahrungsbuch

Kösel

ISBN 3-466-34361-5
© 1996 by Kösel-Verlag GmbH & Co., München.
Printed in Germany. Alle Rechte vorbehalten.
Druck und Bindung: Kösel, Kempten.
Umschlag: Elisabeth Petersen, München.
Umschlagmotiv: Alfred Gockel, Lüdinghausen.

1 2 3 4 5 · 00 99 98 97 96

Gedruckt auf umweltfreundlich hergestelltem Werkdruckpapier
(säurefrei und chlorfrei gebleicht)

Inhalt

Zweiter Teil

Für Bettina,
mit der mich viele Gefühle
und Gespräche über Gefühle verbinden,
mit Dank für die Beratung,
Unterstützung
und Gastfreundschaft
in Norfolk,
Sommer 1996

Vorwort

Dies ist ein Buch über Gefühle.

Entgegen der herkömmlichen Meinung, Gefühle seien Launen des Schicksals oder Naturgewalten, werden Gefühle hier als wichtige Boten behandelt. Sie überbringen uns Botschaften darüber, wie wir uns zu einem bestimmten Zeitpunkt in der Welt befinden, wie wir in Kontakt damit gehen und uns dementsprechend fühlen. So weit so gut. Schwierig wird es erst, wenn wir glauben, daß wir die Gefühle, die wir haben, auch selber sind. Denn: Wir identifizieren uns mit Gefühlen, die stets der Vergangenheit angehören. Und dies vielleicht, um die Gegenwart nicht zu spüren. Und so ist die Zukunft durch den emotional eingefärbten Raster unserer Wahrnehmung immer schon vorbestimmt, noch bevor sie angefangen hat. Das nimmt uns die Weite und die Offenheit des Lebens, die Lebendigkeit des Augenblicks.

Ein Ausweg aus dem Labyrinth besteht darin, sein Muster zu akzeptieren.

Sobald wir beginnen, die Art und Weise, das Muster unserer gefühlsbedingten Bewegtheit zu erkennen, können wir die Vielfältigkeit des Erlebens genießen, statt zu glauben, um einer Identität willen uns festlegen und diese Festlegung kontinuierlich sowohl aufrechterhalten als auch rechtfertigen zu müssen.

In diesem Buch werden zwölf Arten der Lebendigkeit vorgestellt, die uns die Flüchtigkeit und Relativität der Gefühlswelten vergegenwärtigen. Sie stammen ursprünglich aus der afro-brasilianischen Folklore, die unendlich viele Gottheiten kennt.

Manche sind lokale Gottheiten, andere wiederum Gestalten, die aus dem fernen Afrika mit ihren versklavten Bewohnern in die Neuen Welten gekommen sind.

Auf meinen Studienreisen habe ich einige dieser Gottheiten kennengelernt. Und obwohl die Studien abgeschlossen sind, haben mich die Götter nicht mehr verlassen. Manchmal bemerke ich, daß ich zu gar keinem anderen Ausdruck fähig bin. Ich muß an sie denken, muß mich an sie erinnern und ihre Erscheinung zu beschreiben versuchen, um komplexe Inhalte zu umschreiben. So sehr sind sie für mich ein Mittel geworden, die Welt zu ordnen. Dies gilt insbesondere für die Welt der Gefühle; für die inneren und äußeren Bewegungen, die Gefühle erregen und ihnen Ausdruck verleihen, für Emotionen, Gesten, Gebärden und Haltungen. Obwohl ich nicht in dieser Tradition aufgewachsen bin, ist mir das sinnliche Erfassen des Göttlichen durch Hörensagen, Riechenschmecken, Tastensehen zur zweiten Heimat geworden.

Ich wollte ein Buch über Gefühle, über die Kraft der Gefühle, die Wege der Wandlung und über den Tanz der Transformation schreiben und endete beim Göttlichen – was in Brasilien immer auch das Alltägliche ist.

Einleitung

Vor einigen Jahren wurde ich anläßlich eines Festivals der Kulturen gebeten, einen Beitrag zu den afro-amerikanischen Kulturen, die ich studiert hatte, zu gestalten. Es war mir sofort klar, daß ich auf keinen Fall eine Lesung im üblichen Sinne abhalten wollte, weil ich immer und immer wieder erfahren hatte, daß Worte in diesem Kontext des so schwer Definierbaren weniger zur Klärung als zur Verwirrung beitrugen und auch der großen Stärke und Ausdruckskraft dieser religiösen Kulte, deren Schwerpunkt im Trancetanz lag, in keinster Weise auch nur annähernd gerecht wurden. Außerdem artete eine solche Lesung immer wieder in Diskussionen über Besessenheit aus, denn tatsächlich konnte man das Geschehen, das sich da in einem sozial festumrissenen und religiös abgesicherten Rahmen abspielte, mit unseren beschränkten Worten wirklich nur als Besessenheit bezeichnen. Ich entschloß mich also dazu, keine Worte zu gebrauchen und nur meinen Körper sprechen zu lassen. Als Titel meiner Performance gab ich an: »Starke Gefühle!«

Der Termin rückte näher. Es wurde mir in beängstigender Weise bewußt, daß ich mich da auf ein Abenteuer eingelassen hatte, das mir – buchstäblich – über den Kopf wuchs. Ich hatte nicht mehr als eine Ahnung davon, wie der Abend im Idealfall verlaufen konnte, und vor allem wie ich mich danach fühlen würde, wenn alles bestens gelaufen wäre. Ich versetzte mich in meiner Vorstellung immer wieder in ein bestimmtes Gefühl, das ich nach einiger Zeit

11

auch benennen konnte: Es war das Gefühl von absoluter Läuterung, gerade dem Fegefeuer entsprungen. Das Gefühl verband sich in eigenartiger Weise mit einer großen Ruhe, Klarheit und Zufriedenheit. Es ließ das Bewußtsein die Dinge so betrachten, wie sie wirklich sind, ungetrübt von allem eigenen Wollen und Streben, die Dinge so zu sehen, wie es passend erscheint. Ich kannte diesen Zustand als Ziel der verschiedenen Meditationspraktiken, mit denen ich mich befaßt hatte, und die mehr aus dem fernöstlichen Raum stammten. Um so erstaunter war ich, dieses Gefühl als Ergebnis einer Tanzperformance in meiner Vision vorzufinden.

Der Termin rückte näher und war schließlich nur noch eine Woche entfernt. Ich begann mir Gedanken über meine Garderobe zu machen, und das bereitete mir am meisten Kopfzerbrechen. Sollte ich mir ein Kostüm nähen, und wenn ja, welches? Würde das Kostüm nicht zu sehr ablenken von meinem Gesicht, würde es mich nicht zu sehr festlegen auf eine Rolle? Mein Konzept, das im Grunde kein Konzept war, sah ja vor, durch verschiedene Rollen hindurchzuschlüpfen wie eine Raupe aus einem Kokon, hinein in eine neue Form, die sich nur als weiterer Kokon erweist. Und so sollte es fortgehen in einer bestimmten Abfolge, die ich notiert hatte. Es waren Gefühle, durch die ich mich hindurchwinden, die ich abschütteln wollte, nur um mich erneut festzulegen und dieses Neue in kürzester Zeit wieder als alte Haut erscheinen zu lassen. Ich hatte einmal eine japanische Performance im avantgardistischen Stil des Butoh gesehen. Da war ein Zwerg, oder ein Kind, das nicht erwachsen werden wollte. Es saß auf dem Boden, kullerte herum, greinte vor sich hin. Dann lachte es plötzlich schallend, nur um gleich darauf wieder zu greinen. Zu lachen. Zu greinen. Ich war fasziniert. Genau so waren die Gefühle. Mal so, mal so. Das wollte ich darstellen: Ich wollte ein-

steigen in diesen ewigen Fluß der ständig sich verändern-
den Schatticrungen und Nuancen, der Stimmungen, die so
schnell wechselten wie das Wetter in Irland. Da begegnete
man einmal dem dramatischen Aufbau großer Wolken,
dann wieder der leuchtenden Leere des Himmels, die sich
gleich wieder bedeckte; wechselnde Verheißungen innerhalb kürzester Zeit, die genauso schnell enttäuschten, wie
sie ihr täuschendes Trugbild aus Nebel und Dunst vorge-
zaubert hatten ... Ich wußte, wenn ich einmal drin war,
würde mich das Szenario mit der ihm eigenen Regie weiterführen, ohne daß ich viel denken mußte. Aber wie kam
ich in diesen Zustand? Und wie konnte ich die Zuschauer
dazu bringen, ebenfalls einzusteigen und mit mir abzufah-
ren auf diesem für sie eher ungreifbaren Laufband eines
Regenbogens? Wie konnte ich die Illusion erschaffen, daß
ganz viel geschah, daß Spannung entstand, während ich
doch nur auf einem nackten Bretterboden ohne jede Kulisse, ohne jeden Text, ohne jede Geschichte mit Höhe-
punkt und Abschluß, ausgestattet nur mit einem Mikrofon,
starken Scheinwerfern, zwei Stereo-Anlagen – einer rudi-
mentären Technik also, von der ich zudem hoffte, daß sie
auch funktionierte –, ganz auf die Ausdrucksfähigkeit meines Körpers und meiner Stimme angewiesen war? Langsam entstand in mir die Vorstellung von Geräuschen, die
ich statt Kulisse gerne als Hintergrund hätte. Es waren
Geräusche aus dem modernen Alltag, also viel Verkehrs-
lärm, quietschende Bremsen, an- und abfahrende Züge,
aber auch ein altmodischer Wecker, ein Glockenspiel, ein
bellender Hund. Und ABC-Alarmsirenen. Letzteres war
mein Trumpf, denn zweifelsohne würde das die Erregung
im Publikum steigern und alle meine noch so banalen
Aktivitäten mit einem hintergründigen Doppelsinn ausstat-
ten. Gleichzeitig waren die Sirenen auch der Startschuß zu
einer anderen Daseinsqualität – von da an war alles greller,

schneller, verzerrt, unwirklich. Doch bis dahin mußte ich den Einstieg in die Andere Wirklichkeit geschafft haben. Dann erst konnte ich die wirklich starken Gefühle ausfahren, konnte auf die Knöpfe drücken, die für den Extremfall vorgesehen sind, konnte auf der Tastatur der starken Gefühle spielen. Von da an war das Spiel schon gewonnen, da war ich mir sicher. Es würde mich einfach weitertragen, bis ich erschöpft war, und das wäre dann das natürliche Ende.

Ich hatte ein bemerkenswertes Gottvertrauen und war mir meiner Sache sicher. Schließlich entschied ich mich für ein unauffälliges schwarzes Trikot, aus dem nur Gesicht und Hände herausschauten und in das gleißende Licht der Scheinwerfer hineinwuchsen. Für den Zeitraum einer dreiviertel Stunde hatte ich Geräusche auf zwei Tonbänder verteilt zusammengeschnitten. Die Tonbänder sollten synchron ablaufen und das Publikum einlullen, noch bevor die eigentliche Show begann. Der Überraschungseffekt war geglückt. Verunsichert und irritiert ließen sich die Zuschauer auf ihren Plätze nieder. Sie schauten fragend um sich und auf mich, als wollten sie sich vergewissern, daß sie in der richtigen Veranstaltung gelandet seien. Während Züge an- und abfuhren, Hunde bellten, Anrufbeantworter ihre unpersönlichen Texte herleierten, wuchs die Spannung. Es war ein Gemisch aus Erwartungshaltung, Irritation, lauernder Langeweile, die in jedem Augenblick in helle Frustration explodieren konnte. Ich genoß dieses Gemisch der Gefühle, ich badete förmlich darin. Und dann begann ich mich zu kratzen. Zuerst versuchte ich »es« nur durch ein Schulterzucken, ein legeres Abschütteln loszuwerden. Dann steigerte ich mich. Das Kratzen wurde unmißverständlich, wurde peinlich, auffällig, eindeutig: krank. Ich war in das starke Gefühl der aussätzigen Gottheit hineingerutscht, und kaum war ich dort angekommen, fühlte ich mich schon zu Hause darin. Tiefe Dankbarkeit erfaßte mich und hielt während der ganzen Performance an: Ich fühlte mich geschützt und unterstützt von den Gottheiten. Sie gaben mir ihre Gesten, ihre Stimmen, ihre Intensität. Dabei war ich hellwach und mir sehr bewußt, was um mich herum vorging. Meine Aufmerksamkeit war außerordentlich erhöht, so daß ich bei aller Dramatik nüchterne Anweisungen für die Lichtregie geben, den Einsatz oder Wechsel der Tonbänder veranlassen, erschreckte Kinder beruhigen und am Ende eines Gefühlszyklus das Publikum, so als wäre nichts geschehen, fragen konnte, ob es noch einmal eine Runde mit mir drehen wollte. Ich durchlief den Zyklus von Lachen und Weinen, Toben und Gurren, Wälzen und Strammstehen, Dreinschlagen und Streicheln, Drohen und Locken, von Normalität und Wahnsinn dreimal. Die Alarmsirenen waren nun schon ein Teil davon: So war eben das Leben. Diese Normalität, dieser Wahnsinn. Als ich die Performance beendete, trat gähnende Leere ein. Wir waren alle wie leergelaufen, völlig ausgepumpt. Es brauchte eine Zeit, bis sich diese Lücke wieder füllen konnte und etwas Gewohntes geschah: Applaus. Schlagartig kam ich aus der Trance heraus und war wieder ganz die Alte. Ich wurde interviewt. Plötzlich merkte ich, wie weit weg ich gewesen war, und ein Schwindel ähnlich einem Spiralwind erfaßte mich. Es ist ein Gefühl, als würde das Wasser in der Badewanne, in der man sitzt, abgelassen. Und dann befand ich mich wieder auf trockenem Fuß. Die Grenzen waren klar umrissen. Ab da ging nichts mehr von selbst. Alles war harte Arbeit, mußte getan werden, sogar die Gefühle. Und die waren nun nur noch halbwarm. Wie abgestanden. Waren es meine eigenen? Auf jeden Fall aber habe ich Gefühle tatsächlich nie wieder so stark erlebt wie damals.

Die Erfahrung der Performance veranlaßte mich, ein Buch über starke Gefühle zu schreiben. Ich denke, es ist etwas, was uns hier im Westen fehlt. Es ist ein ungeheures Kräftepotential, das sich auftut, wenn man einmal die Berührung damit zuläßt und sich nicht gleich verschließt. Während meiner Aufenthalte in Brasilien, Kuba und Marokko waren diese Kräfte ganz selbstverständlich und alltäglich: Eine afrikanische Gottheit war mal wieder unter den Menschen, und es wurde gefeiert. Ich habe mich immer wieder davon überzeugen können, daß diese Art von Religiosität etwas ungeheuer Heilendes hat, und trotz aller Warnungen, daß fremde Religionen nichts für aufgeklärte Europäer sind, begann ich damit zu experimentieren. Ich fragte mich, ob ich das durfte. Und ich bekam eine klare Antwort aus meinem Inneren: Die Gottheiten waren reiselustig. Sie hatten Lust, sich auch mal in Europa und gerade in Europa zu inkorporieren. Dieses Buch wird die Gottheiten nicht mit ihren afrikanischen Namen nennen. Aber sie geben sich zu erkennen, wenn der richtige Augenblick gekommen ist. Es ist kein ethnologisches Buch, das ich schreiben wollte, sondern ein therapeutisches. Deshalb stehen Übungen und Fallstudien im Vordergrund. Die Namen sind ersetzt durch Begriffe und Typen, Bezeichnungen von Archetypen, wie wir sie etwa aus der Tiefenpsychologie kennen. Die Zuordnung zu den Gefühlen ist nicht verbindlich, sondern entstand durch gemeinsames Ertasten der Gefühlsqualitäten. Diese wiederum sind bestimmten Farben zugeordnet. Die Zuordnung entspricht weitgehend der afrikanischen Tradition und stimmt manchmal erstaunlicherweise auch mit den Farblehren anderer Systeme wie etwa der Chakra-Lehre aus dem Yoga überein. Aber nicht immer. Die Anordnung der starken Gefühle in einem Farbenspiel entspringt meiner Erfahrung, die ich in der Performance gemacht hatte: Ich fühlte mich wie in einem Lichterbad bunter Farben, eingehüllt, geborgen, getragen. Als ich übrigens einmal über diese Erfahrungen sprach, wurde mir Ähnliches aus Marokko erzählt. Dort erscheinen den Trancetänzern in dem schwarzafrikanischen Besessenheitskult der Gnaua die Gottheiten als Farben und Schwingungen, und das Phänomenale daran ist, daß die ganze Tanzgruppe dieselbe Farbe empfindet, was bedeutet, daß sie unter dem Einfluß derselben Schwingung steht. Ähnlich wie in Brasilien, vor allem im Kult des Candomble aus Salvador/Bahia, wo den Trancetänzern, die im Tanz von einer Gottheit ergriffen und »geritten« werden, zur Heilung farbige Tücher beziehungsweise ein Kostüm in einer bestimmten Farbe, die der entsprechenden Gottheit zugeordnet ist, umgelegt werden. Dadurch sind die Gefühle, die die Trance bestimmen, erkannt und finden ihre Ausdrucksgestalt in der Farbe.

Auch in den esoterischen Lehren, die sich mit Aura und feinstofflichen Schwingungskörpern beschäftigen, werden Gefühle als Farben sowohl diagnostiziert als auch visualisiert. Dabei können die Farben verschiedene Grade an Klarheit, Lichtdurchlässigkeit oder auch Trübung annehmen. Auf diese sicher sehr wichtigen Nuancen kann hier allerding nicht weiter eingegangen werden. Die im Buch vorgeschlagene Entwicklung der langsam schwingenden Farbfrequenzen, also über Schwarz und Rot zu Gelb und Grün und Blau bis hin zum ungebrochenen Weiß entspricht einer Hierarchie der Gottheiten gemäß ihrer Willigkeit, sich den Menschen zu zeigen. Manche von ihnen sind sehr nah, so nah, daß sie eher menschlich als göttlich erscheinen. Andere wiederum sind sehr weit weg und bedürfen einer behutsamen Annäherung, die eine notwendige Vorbereitung für beide Seiten zugleich ist. Der Mensch macht sich durchlässiger und feiner, und die Gottheit nimmt Gestalt an. Trance ist das Bindeglied, der Kanal, der den Weg zwischen den Welten ermöglicht. Die Farben werden nicht eindeutig bestimmten Gefühlsbegriffen zugeordnet, weil Gefühle hier mehr als sehr flüchtige Schwingungsmuster vorgestellt werden sollen. Es geht darum, dem luftigen, launigen, flüssigen und schillernden Schwingungs- und Stimmungscharakter von Gefühlen gerecht zu werden, anstatt Ordnung in Form von starren Begriffskategorien zu schaffen. Ordnung hingegen soll selbstorganisierend dort entstehen, wo die Verwirrung durch Gefühle zugelassen und alte Vorstellungen von alten Ordnungen losgelassen werden können und es möglich ist, sich auf neue Lösungen einzulassen. Dies entspricht meinem therapeutischem Konzept der Transformation durch Tanz.

Das Buch basiert auf meinen eigenen Erfahrungen, sowohl im Trancetanz selbst als auch in der therapeutischen Praxis damit. Ich gehöre keiner religiösen Tradition, keiner therapeutischen Schule an und befinde mich leider auch nicht in einem sozialen Kontext, in dem Trance bekannt und erwünscht ist und zu heilenden Zwecken benutzt wird. Die Gefahren einer solchen vereinzelten Position sind mir durchaus bewußt. Das soll mich aber nicht abhalten, weiterzuforschen und meine Erfahrungen zu machen. Ich fühle, der Zeitgeist steht als Rückenwind hinter mir, und das gibt mir immer wieder Aufschwung. Ich denke, wir stehen tatsächlich an der Schwelle zu einem neuen Bewußtsein; nicht weil sich plötzlich alles verändert hat, sondern weil immer mehr Menschen zu ihren eigenen Erfahrungen im religiösen und therapeutischen Bereich stehen, sie mitteilen und so einen neuen sozialen Kontext schaffen. Das Buch ist also nicht als Schulbuch zu lesen, und es ist auch keine festgelegte Meinung darin zu erwarten. Es bietet eine Fülle von Angeboten, Einladungen, Vorschlägen, neuen Mustern und Betrachtungsweisen. Die Übungen sind jahrelang von mir in Gruppen und in Einzelsitzungen getestet worden. Sie können aber auch durchaus alleine gemacht werden, und es reicht oft sogar schon, sich vorzustellen, wie man sie machen würde – wie sich das anfühlen würde, was man dabei erleben könnte und welche Konsequenzen diese Erfahrung für den Alltag hätte. Oft ist das, was in der Vorstellung erlebt wird, wirklicher als die Wirklichkeit selbst, denn was wir in der Vorstellung durchleben, wird letztendlich das, was wir uns als Wirklichkeit vorstellen, beeinflussen. Die bewußte und gesteuerte Vorstellung, wie sie etwa in Visualisierungsübungen eingesetzt wird, knüpft an jenen Prozeß an, der Wirklichkeit entstehen läßt. Wir wissen mittlerweile, daß das, was wir als Wirklichkeit be- zeichnen, im Kopf als Muster beginnt. Nur innerhalb dieses Prozesses der Musterbildung ist Transformation möglich. Also, liebe Leserin und lieber Leser, lehnen Sie sich ge- mütlich zurück, schließen Sie die Augen, nachdem sie eine Übung gelesen haben, und überlassen Sie sich getrost der Vorstellung. Sie dürfen jetzt ruhig »im Kopf« sein! Den Vorzügen körperlicher Betätigung wie etwa im Trancetanz ist ein ganzes Kapitel gewidmet (vgl. *Wege, Kräfte und Gefühle – Der Tanz der Transformation*). Dort werden Sie lesen, wie der Körper körpereigene Drogen produziert, sich selbst als Gestalt und Ausdruck organisiert, und welch ein Abenteuer es ist, solches am eigenen Leib miterleben zu dürfen. Freilich ist ein erstes Gebot betreffend aller Pro- zesse der Selbstorganisation zu beachten: weniger wollen, mehr lassen. Leichter gesagt als getan! Wir sind so sehr auf Willensstärke und Leistungskraft gedrillt, daß es uns schwerfällt, einmal ohne diese Lokomotive auszukommen. Ein Trick, wenn Sie das Wollen absolut nicht abstellen können: Wollen Sie nicht das gleiche (zum Beispiel genau das gleiche, wie es in dem Buch als Fallbeispiel beschrie- ben oder als Übung vorgeschlagen wird), sondern immer nur Ähnliches. Dann erkennt Ihr Bewußtsein das Muster,

verlangt aber nicht von Ihnen, exakt das gleiche wieder-
herzustellen, also etwas zu reproduzieren, sondern läßt Sie
frei, etwas Neues entstehen zu lassen und somit in die
Produktion zu gehen. Ihre eigene Kreativität ist angesprochen, und Sie werden sehen, welche Fähigkeiten in Ihnen
schlummern, wenn Sie ihnen eine Chance zur Selbstge-
staltung geben.

Nach einer theoretischen Einleitung, die Ihnen zur Orientierung dient, wie Gefühle in den verschiedenen Kulturen
früher gesehen wurden und welchen Stellenwert sie heute
innerhalb des Heilungsprozesses haben, werden Sie einzelne Kapitel zu einem Bad in der jeweiligen Gefühls-
schwingung einladen. Das wichtigste Heilmittel jedoch ist:
Nehmen Sie Ihre starken Gefühle mit Humor. Und mit
Gelassenheit. Und: Viel Spaß dabei!

Erster Teil

Götter, Gefühle,
Farben und Formen

Theorie und Geschichte
der Gefühle

Götter, Gefühle,
Farben und Formen

»Denn man wählt seine Stoffe nicht,
sie drängen sich einem auf.«

GUSTAVE FLAUBERT

Dürfen Gottheiten Gefühle haben?

Als ich in Brasilien den afrikanischen Kult des Candomble kennenlernte, kam ich in Kontakt mit Gottheiten, die sehr starke Gefühle hatten. Sie zeichneten sich geradezu aus durch eine hohe Emotionalität, die zum Segen oder auch zum Fluch gereichen konnte. Die Heilwirkung, die diese Gottheiten vermittelten, bestand darin, den Menschen ganz in die Emotionen hineingehen und sich von ihnen tragen zu lassen, sie im Trancetanz auszutanzen, sich von den Gottheiten besetzen und »reiten« zu lassen, um sie nicht verdrängen zu müssen, sondern durchzuarbeiten, zu erhöhen und zu transformieren. Bramly beschreibt in seinem Buch »Macumba« den Fall eines sehr gewalttätigen Mannes, der bei einer Candomble-Priesterin Hilfe sucht. Sie rät ihm ernstlich, sich dem Kult des Shango, eines sehr zornigen und leicht erregbaren Gottes, anzuschließen, um Herr seiner cholerischen Gefühle zu werden. Er tut es nicht – und wird tatsächlich zum Totschläger. Solche Geschichten hört man in Brasilien öfter. Der Nutzen und tiefe Sinn von »Gefühlsgöttern« hat sich mir dort erst so richtig erschlossen. Später wurde ich natürlich auch in der eigenen Religion fündig, denn unser christlicher Gott ist keineswegs so ganz bar aller Gefühle. Nicht nur, daß er die positiven Gefühle wie Liebe und Güte besitzt, es werden auch Gefühle wie Zorn, Eifersucht und Herrschsucht von ihm berichtet. Dies bezieht sich allerdings auf die alttestamentarische Zeit, als sich das Gottesbild erst so langsam zu dem entwickelte, wie wir es heute kennen. C.G. Jung hat in seinem Essay *Antwort auf Hiob* großartig über diesen Konflikt auf höchster Ebene geschrieben:

»Das Buch Hiob ist ein Markstein auf dem langen Entwicklungswege eines göttlichen Dramas. Als das Buch entstand, lagen schon vielerlei Zeugnisse vor, welche ein widerspruchsvolles Bild Jahwes entworfen hatten, nämlich das Bild eines Gottes, der maßlos war in seinen Emotionen und an eben dieser Maßlosigkeit litt. Er gab es sich selber zu, daß ihn Zorn und Eifersucht verzehrten und daß ihm dieses Wissen leidvoll war. Einsicht bestand neben Einsichtslosigkeit, wie Güte neben Grausamkeit und wie Schöpferkraft neben Zerstörungswillen. Es war alles da, und keines hinderte das andere. Ein derartiger Zustand ist uns nur denkbar, wenn entweder kein reflektierendes Bewußtsein vorhanden ist oder wenn die Reflexion ein bloß ohnmächtig Gegebenes und Mitvorkommendes darstellt. Ein Zustand, der solchermaßen beschaffen ist, kann nur als amoralisch bezeichnet werden ... Mit dem Buch Hiob soll eine Stimme laut werden, die für viele, die ähnlich empfinden, spricht, und es soll eine Erschütterung zum Worte kommen, welche von dem durch nichts verschleierten Anblick göttlicher Wildheit und Ruchlosigkeit ausgelöst wird ... Derartige Erfahrungen befallen den Menschen von innen und außen, und es hat keinen Zweck, sie rational umzudeuten ... Man gibt sich besser den Affekt zu und unterwirft sich seiner Gewalt ... Obschon man durch den Affekt alle schlechten Eigenschaften der Gewalttat nachahmt und sich dadurch desselben Fehlers schuldig macht, so ist dies eben doch gerade der Zweck solchen Geschehens: Es soll in den Menschen eindringen, und er soll dieser Wirkung unterliegen ... Er soll aber wissen oder vielmehr kennenlernen, was ihn affiziert hat, denn damit wandelt er die Blindheit der Gewalt einerseits und des Affekts andererseits in Erkenntnis.«

Sich berühren lassen, ergreifen lassen, um zu wissen! Hätte C.G. Jung den Candomble gekannt, hätte er seine Theorie bestätigt gefunden. Es ist also verständlich, wenn sich westliche Menschen zu einer Religionsform hingezogen fühlen, die das Defizit der emotionalen Ausstattung Gottes ausgleicht und ein besseres Verständnis, ja eine Art Achtung und Wertschätzung für die ach so launische und von Stimmungen beeinflußte menschliche Natur liefert. Achtung ist der angemessene Zugang zur eigenen Natur. Nicht immer hat die moderne Psychologie dieses Gebot befolgt. Trotzdem ist aus der Erforschung des Irrationalen im Menschen eine Wissenschaft entstanden – eben jene Psychologie, die die Psyche mehr im Unbewußten als im Bewußtsein beheimatet. C.G. Jung beschreibt sehr gut, wie die Götter, von ihrem olympischen Thron vertrieben, immer noch den Menschen beherrschen, und sei es durch die Zeichen und Botschaften, die das Unbewußte uns sendet:

»Die moderne psychologische Entwicklung führt zu einem viel besseren Verständnis dessen, woraus der Mensch besteht. Zuerst lebten die Götter in übermenschlicher Macht und Schönheit auf der Spitze schneebedeckter Berge oder in der Dunkelheit von Höhlen, Wäldern und Meeren. Später wuchsen sie zu einem Gott zusammen, und dann wurde dieser Gott Mensch. Aber in unserer Zeit scheint sogar der Gottmensch von seinem Throne herabzusteigen und sich im alltäglichen Menschen aufzulösen. Darum wohl ist sein Sitz leer. Dafür aber leidet der moderne Mensch an einer Hybris des Bewußtseins, die sich der

Krankhaftigkeit nähert. Dieser psychischen Verfassung der einzelnen entspricht im Großen die Hypertrophie und der Totalitätsanspruch der Staatsidee. Wie der Staat das Individuum zu ›erfassen‹ versucht, so bildet sich auch der einzelne ein, er hätte seine Seele erfaßt; ja er macht sogar eine Wissenschaft aus ihr in der absurden Annahme, daß der Intellekt, der ja nur Teil und Funktion der Psyche ist, genüge, das viel größere Ganze der Seele zu erfassen. In Wirklichkeit ist die Psyche die Mutter, das Subjekt und sogar die Möglichkeit des Bewußtseins selbst ... Nicht nur alle Zeiten vor uns, sondern auch die heutige genaue Beobachtung der unbewußten Vorgänge anerkennt, daß das Unbewußte eine gewisse schöpferische Autonomie besitzt, welche einer bloßen Schattennatur niemals zukäme.« (C.G. Jung, *Psychologie und Religion*)

Der westliche Mensch ist offensichtlich gewohnt zu domestizieren und zu kolonialisieren. Dies gilt nicht nur für die Außenwelt, die er nach und nach unter seine Herrschaft bringt, sondern auch für die Innenwelt, die er nun zu kontrollieren versucht. Herrschaft und Kontrolle sind seine Hauptanliegen, denn dies bannt die untergründige Angst vor dem unvermeidlichen Ausbruch des Chaos. Es folgt der Versuch, das Unbekannte zu annektieren, es sich zu eigen zu machen. Dieses Ringen und Streben schreibt die Geschichte der Bewußtwerdung. Dabei wird, je nach Modus und Mode, je nach dem Geschmack der Epoche, verschieden vorgegangen:

»Zuerst war wohl der materialistische Irrtum unvermeidlich. Da der Thron Gottes nicht zwischen den galaktischen Systemen entdeckt werden konnte, folgerte man, daß Gott überhaupt nicht existiere. Der zweite unvermeidliche Irrtum ist der Psychologismus: Wenn Gott überhaupt etwas ist, so muß er eine Illusion sein, die gewissen Motiven entstammt, z.B. dem Willen zur Macht oder verdrängter Sexualität ... Wo wirkliches Wissen fehlt, werden Lücken immer noch mit Projektionen gefüllt ... Die weitgehende Zurücknahme gewisser metaphysischer Projektionen liefert uns diesem Geschehen (der Besessenheit durch Affekte und Emotionen) insofern fast hilflos aus, als wir uns mit jedem Impuls identifizieren, anstatt diesen mit dem Namen des ›Anderen‹ zu belegen, womit er wenigstens auf Armeslänge weggehalten wäre und sich nicht sofort der Zitadelle des Ich bemächtigen könnte. ›Herrschaften‹ und ›Mächte‹ sind immer vorhanden, wir können und brauchen sie nicht zu erzeugen. Uns liegt bloß ob, den ›Herrn‹, dem wir dienen wollen, zu wählen, damit sein Dienst uns schütze gegen die Herrschaft der ›Anderen‹, die wir nicht gewählt haben. Gott wird nicht gezeugt, sondern gewählt.« (C.G. Jung, *Psychologie und Religion*)

Dürfen Gottheiten also Gefühle haben? Ich würde mit C.G. Jung sagen, daß es den Einstieg in die Religiosität äußerst erleichtert, wenn Gottheiten nicht nur Gefühle haben, sondern auch widersprüchliche Gefühle in ihrer emotionalen Palette aufweisen: Durch Projektion menschlicher, allzu menschlicher Verwirrung auf Gottheiten können wir erstens die Turbulenzen zunächst aus uns heraussetzen, sie anschauen, gestalten, bewußt durchleben, damit umgehen lernen und so letztlich unser Bewußtsein erweitern.

Theorie und Geschichte der Gefühle

»Die Seele ist zugleich mit dem Himmel
entstanden.«

PLATON

Können Gefühle überhaupt Geschichte machen? Es
scheint, daß Gefühle auftauchen und verschwinden, gewiß
auch Spuren hinterlassen, aber nie die Geschichte ihrer
selbst erzählen. Sie erzählen immer die Geschichten des
anderen und dessen, was mit dem anderen passierte – wie
es von jenem Mysterium des Fühlens beeinflußt, bewegt,
motiviert und aktiviert wurde, und wohin dies führte, welche Konsequenz dies nach sich zog. Nie aber hört man von
einer Geschichte der Gefühle an sich sprechen. Das wäre
ja, als ob sich alle Gefühle gleich einer Familie feierlich
versammelt hätten und nun ihren Stammbaum festlegen
würden. Gefühle kennen wir vor allem unter dem Aspekt
ihrer Unberechenbarkeit und ihrer Vielfalt. Ihr Auftreten
ist vereinzelt, heftig und unkoordiniert. Es ist schwierig,
von diesem Stand aus zu einer Theorie der Gefühle zu
gelangen, denn das hieße, nicht nur ein Gefühl, sondern
alle vorhandenen Gefühle zu überblicken. Und Gefühle
treten bekanntlich so auf, daß man meint, es gäbe nur
dieses eine Gefühl, als stünde es jeweils unter dem Vorzei-
chen der Ausschließlichkeit. Ja, Gefühle sind absolute
Herrscher. Wie ist es da möglich, eine Perspektive zu finden, aus der sich all diese kapriziösen Herrschaften be-

trachten lassen? Das hieße, die Unmittelbarkeit des Erlebens zu opfern oder, bildlich gesprochen, von einem Satelliten aus, der die Erde umkreist, die Vielzahl aktiver Vulkane auf der Erde zu beobachten.

Ist aber ein Gefühl, das derart aus der Ferne betrachtet vom Naturspektakel zum Phänomen zusammenschrumpft, noch ein Gefühl? Lebt es nicht von seiner Aufblähung, seiner Expansion, seiner feierlichen Entfaltung im Seelenleben? Gibt es denn das Gefühl sozusagen in seiner Trockenform, als Samen und Zeichen, als Abkürzung?

Ja, das gibt es. Und zwar in jener Form, die unserer Kontrolle am meisten untersteht beziehungsweise diese Kontrolle widerspiegelt: in der Sprache. Hier kommen Gefühle vor, als wären sie Dinge. Wir sprechen von der Wut, dem Geiz, der Gier. Lauter Dinge. Sie scheinen erstarrt. Wir wissen, daß sich darunter eine explosive Bewegung verborgenhält, aber wir fürchten diese Bewegung nicht mehr, als wir das Potential eines gefrorenen Eiszapfens fürchten. Beides sind Dinge, und mit Dingen, seien sie noch so so groß, läßt sich umgehen. Mit der Wut läßt sich umgehen, mit der Gier, mit dem Geiz. Solange es Dinge sind, sind wir sicher. Wir können diese gefrorenen Potentiale sogar besitzen und davon sprechen, als wäre es meine Wut, meine Gier und mein Geiz, um den es da ginge. Weil ich mich selbst so gut zu kennen glaube, kann ich zuversichtlich von diesen Dingen sprechen, ohne fürchten zu müssen, daß sie allein beim Aussprechen ihres Namens explodieren wie Granaten in meinen Händen oder Minen unter meinen Füßen. Das ist Kultur. Ich habe gelernt, mit unberechenbaren Prozessen umzugehen und so zu tun, als seien sie eingefroren. Ich weiß, daß das Eis dünn ist und ich auf einem See stehe. Dennoch bahnt sich die Sprache ihren Weg über solche Eisstrecken gefrorener Bewegung. Und ich vertraue ihr.

Eine Theorie der Gefühle also? Wenn ich darauf verzichten will, gefrorene Bewegung zu vermessen, werde ich sehr bald im Bereich der untergründigen Ströme, des gefährlichen Packeises landen. Ich gehe hinaus an die Grenzen des Bekannten, und ich werde von eben jenen Grenzen selbst erfaßt. Nur wenn ich heil zurückkomme, werde ich die Sprache finden, zu künden, was ich erfahren habe.

Bei allen Theorien bietet sich jene Perspektive an, die von sogenannten Theoretikern so gerne verschwiegen wird. Theorie heißt zunächst nur: anschauen, zuschauen. Im Wort Theorie ist das Wort Theater enthalten. Aber welcher Ort bietet sich an, um das Gesamtschauspiel Welt als Theater erleben zu dürfen? Heute würden wir, wie gesagt, von Satellitenaufnahmen sprechen. Was frühere Zeiten betrifft, müssen wir jedoch auf die Fähigkeit des Menschen verweisen, sich geistig an einen sehr fernen Ort versetzen zu können, um besser zu sehen. Waren dies schamanische Reisen, die in romantische Höhenflüge des Geistes übergingen? Wir wissen es nicht. Wir können nur unsere Phantasien spielen lassen. Zweifelsohne gab eine Religion, deren Gottheiten sich einer lebendigen und zugleich unüberschaubaren Vielfalt erfreuten, ein Rätsel besonderer Art auf: Wie konnten sich die Menschen hierin ihre Freiheit bewahren? Gut, wir können auf das Argument eingehen und sagen, daß sich offenbar Vielfalt und Überschaubarkeit ausschließen, was soviel hieße wie, daß sich Vielfalt und Freiheit der Auswahl ausschließen würden. Vielleicht war das früher auch so. Aber heute entstehen polytheistische oder polyglotte Religionsformen – es steht uns frei, sie abschätzig postmodern und beliebig zu nennen oder nicht –, die durchaus vielfältig sind und dennoch die Wahlfreiheit auf ihr Banner geschrieben haben. Ich wähle aus, welchem Geist ich mich verschreiben möchte. Die Besessenheit ist eine Frage des Geschmacks geworden. Ich entscheide mich dafür, wem

31

meine Option gilt. Ich weiß, daß letztlich alle Optionen Facetten meines Innenlebens sind, meiner inhärenten Möglichkeiten. Und neugieriger denn je möchte ich die Spannbreite meiner Existenz ausschöpfen. Ich möchte nicht nur wissen, sondern erfahren, daß ich ein Mensch bin. Denn wie Seneca schon sagte: »Mensch bin ich, und nichts Menschliches sei mir fremd.«

1. Die Gefühle
in Märchen, Mythen
und Symbolen

Was ist ein Gefühl? Vielleicht ist es nur ein Märchen. Oder ein Mythos. Oder ein Symbol. Das wäre einfach. Dann könnte ich sagen: Das ist ein Gefühl. Man findet es in Märchen, Mythen und Symbolen. Es ist eine köstliche Zutat in einem vergessenen Rezept. Es lohnt sich, solche Speisen wiederzuentdecken – und dann könnten sich verwegene Feinschmecker auf das Abenteuer einlassen, von jener vergessenen Speise zu kosten. Aber es ist nicht so. Auch der, der Vernunft bestellt hat, bekommt, gegen seinen Willen und seine Erwartung, ab und zu Gefühle serviert.

Gefühle sind durchgängig. Sie begleiten uns vom Anfang unseres Lebens bis zu unserem Ende hin. Es gibt keinen Bewußteinsort, der vor ihnen sicher wäre.

Im Märchen decken sich Gefühle mit deren Träger, den Personen. Das macht die Sache übersichtlich: Die Riesen sind gierig, Zwerge und alte Könige geizig, die Stiefmütter eifersüchtig, die Halbschwestern neidig. Was ins Auge fällt, ist immer schon der Endzustand eines Gefühls, das sich ohne Unterbrechung durch Reflexion oder Intervention fortsetzt gleich einem Strom, der sich gleichmäßig in das Geschehen ergießt und in die jeweils typische Gefühlstat mündet, wobei das entsprechende Gefühl als Ursache anzusehen ist. Gefühle sind so gesehen wie Erbanlagen, die im Menschen von Anfang an stecken und irgendwann folgerichtig sichtbar werden. Für je eine Person gibt es je ein Gefühl und je eine Tat, höchstens zwei, wobei die zweite meist eine Wiederholung der ersten ist und in dasselbe Schema paßt. Das ist leicht zu begreifen, einfach und eindeutig. Das naive Gemüt wird nicht durch doppelbödige und hintergründige Sachverhalte verwirrt, der Blick richtet sich nur auf die Oberfläche und erfaßt nicht gleichsam mit Röntgenblick die Innenverhältnisse hinter dem Schein. Man versteht, warum das Märchen oder Märlein eine Verkleinerungsform der Mär anzeigt: Das Märchen erzählt von so simplen Angelegenheiten, daß diese schon wieder als unwahrscheinlich erscheinen. Die verengte Sicht, die nichts als das Offensichtliche im Blickwinkel hat, kann keinen Anspruch auf Wirklichkeit erheben. Es ist eben: ein Märchen.

Ganz anders liegt die Sache beim Mythos. Auch der Mythos ist keine wirklichkeitsgerechte Abbildung, aber es handelt sich hier nicht um eine Verkleinerung, sondern um eine Überhöhung eines Sachverhalts. Es soll durch die mythische Erzählform unmittelbar Kunde gegeben werden von einer Wahrheit, die sich hinter der Wirklichkeit verbirgt. Deshalb kommen im Mythos die Gefühle von oben als Eingebungen der Götter: Die Gottheiten leben ihre Gefühle in den Körpern der Menschen aus. Dies läßt sich besonders gut in den Mythen der griechischen Antike verfolgen: Aphrodite ist es letztlich, auf deren Konto viele Verbrechen und Kriegszüge aus Leidenschaft gehen. Die Motive werden mit der despotischen Anwesenheit göttlicher Übergriffe erklärt: Aber weil es Götter sind, die hinter den Geschichten stehen, sind die Geschichten es wert, erinnert und immer wieder aufs neue verkündet zu werden.

Auch beim Symbol handelt es sich um große, um starke Gefühle, die zwar nicht unbedingt göttlich sein müssen, aber doch von solch durchschlagender Bedeutung sind, daß sie allgemeinen Erkennungswert haben. Das Herz zum Beispiel symbolisiert Liebe. Niemand käme auf den Gedanken, im Bild des Herzens einen Hinweis auf hohen Blutdruck zu sehen. Jedem fällt dazu die Metapher ein: Das Herz schlägt nicht nur, sondern es schlägt auch für einen anderen Menschen und ist ihm somit in Liebe verbunden. Sprachliche Metaphern signalisieren Gefühle, die sofort ins Bewußtsein gerufen und vergegenwärtigt werden können. Dies erklärt die Bedeutung von Metaphern im therapeutischen Kontext: Durch Sprache, durch sprachliche Sinnbilder können sofort ganze Gefühlskomplexe aus dem Unbewußten abgerufen und als Kräfte, als mögliche Potentiale und Ressourcen dem Bewußtsein zugänglich gemacht werden.

Der Nachteil fällt zunächst nicht auf, macht sich jedoch bald bemerkbar, wenn ausschließlich mit Märchen, Mythen, Symbolen und Metaphern gearbeitet wird, um Gefühle in den Griff zu bekommen. Dann werden Gefühle wie Dinge gehandelt. Und diese Verdinglichung führt dazu, von der Wut zu sprechen und nicht das Wüten als Prozeß zu sehen: Jemand hat eine Wut oder ist wütend. Das Wüten als Tätigkeit möchte man eher einem Sturm zuschreiben als einem Menschen. Die Verdinglichung der Gefühle führt jedoch dazu, daß diese aus dem Gesamtzusammenhang der informationsverarbeitenden Vorgänge herausgenommen werden und ihren angemessenen Stellenwert innerhalb des anspruchsvollen Unternehmens »Bewußtsein« lange nicht zugeschrieben bekommen haben.

2. Die Gefühle in der Philosophie – Das Gefühl als Störfaktor im Zeitalter der Vernunft

»Es ist gleich tödlich für den Geist,
ein System zu haben, und keins zu haben.
Er wird sich also entschließen müssen.«

FRIEDRICH SCHLEGEL

Gefühl gilt als das Irrationale, dem Verstand und der Vernunft Entgegengesetzte schlechthin. Die Überzeugung, daß Gefühl und Erkenntnis nichts miteinander zu tun haben, ja, das Gefühl sogar das Erkennen gefährde, ist zum Gemeinplatz und Vorurteil geworden. Jemand, der sagt, »er habe etwas im Gefühl«, wird wenig Anerkennung oder Vertrauen finden, denn Erkenntnis, logische Erkenntnis unterscheidet sich vor allem dadurch vom Gefühl, daß sie ihre Gründe hat und diese beweisen kann. Hegel drückt seine Verachtung unverhohlen aus, wenn er das Gefühl als »ein dumpfes Weben des Geistes in seiner bewußt- und verstandlosen Individualität« bezeichnet (vgl. *Enzyklopädie der philosophischen Wissenschaften*). Trotz aller Neuerungen, die die junge Wissenschaft der Psychologie eingebracht hat, leben wir im Westen auch heute noch größtenteils in einer Kultur, die durch den Anspruch auf Vernunft geprägt ist. Dabei wird Vernunft in rationalistischer Weise interpretiert und räumt den Gefühlen nur sehr bedingt und beschränkt ein Mitspracherecht ein – nämlich dort und dann, wo es sich in der Praxis einfach als vernünftiger erwiesen hat, dem Herzen und nicht dem Kopf zu folgen. Und wie selten solche Situationen anerkanntermaßen sind, wissen wir, wenn wir auf unsere eigene Lebenserfahrung zurückblicken. Auch wenn wir persönlich meinen, in einer vergangenen Situation vom Gefühl her richtig gehandelt zu haben, könnten wir daraus aber keine allgemein verbindliche Lehre ableiten. Nur in den Märchen finden wir eindeutig jene Weisungen wieder, die uns raten, uns doch ein Herz zu fassen. Dort erleben wir auch die Überführung derer, die besonders gescheit sein wollten und alles berechneten, jedoch das Wesentliche verloren. Märchen liefern jedoch selten überzeugende Argumente in der Welt der Erwachsenen, die sich eben von der heilen Welt der Kindheit und der Wunsch- oder Traumwelt der erfundenen Geschichten absetzt. In der Erwachsenen-Welt ist alles viel schwieriger, unübersichtlicher, komplexer. Und in der Bewältigung von einer geradezu chaotischen Komplexität hat sich der klare Verstand als Diener der nüchternen Vernunft anscheinend eher bewährt als jene launischen Kräfte und Triebe, die dem Menschen seit jeher eher Probleme schafften, als daß sie zu Lösungen beigetragen hätten.

Das Mißtrauen den Gefühlen gegenüber begann lange vor der Aufklärung, vor dem Rationalismus. Es begann, was die Geschichte der westlichen Philosophie betrifft, mit der Absage an die Capricen der olympischen Götter. Es begann mit Sokrates und dessen Schüler Plato. Sokrates bezahlte mit seinem Leben für seine Lehre, die für den Menschen ein Leben jenseits der Fremdbestimmung durch emotionale – wir würden heute sagen: unbewußte – und wenig ausgereifte Gottpersönlichkeiten für durchaus möglich und darüber hinaus wünschenswert hielt. Für Sokrates erschienen die Verhaltensweisen der olympischen Götter der Antike für den Menschen nicht nachahmenswert. Um so wichtiger war es, dem Menschen eine Alternative dazu aufzuzeigen, um an Stelle der Tradition eine Struktur zu setzen, die den Menschen leiten, schützen und ihm Halt geben sollte. Diese Struktur war eine neue Ausrichtung, eine neue Orientierung, die jedoch nicht autoritär verordnet und dem einzelnen aufgepfropft wurde, sondern die sich erst langsam, behutsam, Stück für Stück durch das sokratische Nachfragen ergab. Es war eine Orientierung und damit Lebenshilfe, die ganz aus der Persönlichkeit des Fragenden, aus seinen Bedürfnissen und Fähigkeiten geboren wurde und somit nicht abstrakt blieb, sondern auch konkret die Lebensverhältnisse des Fragenden, seine spezifische Umwelt berücksichtigte. Vielleicht könnten wir in Sokrates den ersten psychologischen Lebensberater sehen. Und tatsächlich ist ja auch die Technik des behutsamen Nachfragens, das zur gründlichen Reflexion des eigenen Lebens einlädt, heute wieder von besonderer Aktualität. Jenes Nachfragen lädt aber nicht nur zum Nachdenken, sondern auch zum Nachspüren und Einfühlen, zum Wahrnehmen und Vernehmen der inneren Stimmen ein. Und so ist die Absage an die göttlichen Leidenschaften und Launen nur eine scheinbare Absage an die Gefühle.

Schon bei Plato tauchen die leidigen Gefühle wieder auf, verkleidet als ewige Ideen. Denn, so will es der von Plato erzählte Mythos, die Wahl des Lebensweges hängt offenbar zunächst doch nicht von der bewußten und reflektierten Entscheidung des einzelnen ab, sondern von dessen Gemütsart. Diese wiederum habe ihre Prägung dadurch erhalten, welchem der zwölf Götter die Seele des Menschen in ihrem vorgeburtlichen Dasein gefolgt sei. Die Schau des jeweiligen Gottes hat sich nämlich der Seele wie ein heiliges Bild eingeprägt, dem der Mensch wie einem inneren Leitstern folge. Für Plato sind die alten Mythen durchaus noch sinnvolle Erzählungen, die den Menschen anregen sollen, sein Leben nach einem bestimmten Muster hin zu ordnen, beziehungsweise das, was als verwirrende Vielfalt und tragische Verstrickung erlebt wird, als sinnvolles Muster und als göttliche Ordnung anzunehmen. In seinen *Nomoi* allerdings macht er schon erste Unterscheidungen: Lust und Schmerzgefühle sind weniger göttlich und eher typisch menschlich. Dasselbe gilt für die Begierden.

Zwar ist Selbstbeherrschung ein hehres Ziel, wird aber meist eher durch Verdrängung der Gefühle als durch ihr bewußtes Zulassen und Verwandeln erreicht. Während in der griechischen Antike das Pathos noch als das emotionale Betroffensein in all seiner Tiefendimension durchaus heilende, weil läuternde Eigenschaften hatte, nennt Cicero zur Zeit der Hochblüte des römischen Reiches Gefühle lieber »perturbationes« als »passiones«, weil Pathos ihn zu sehr an Krankheit erinnert. Cicero klassifiziert verschiedene Arten der Gemütsverfassungen. Da ist einmal »laetitia«, die Freude, die sich auf die Gegenwart bezieht, und dann »libido«, die Lust, die in die Zukunft hineinreicht. Ähnlich unserem heutigen Verständnis von Motivation hat Cicero in der »libido« eine Kraft gesehen, die aus der Vergangenheit in die Zukunft strebt, und dies auf angenehme Weise. Unangenehm wird es dagegen bei »aegritudo«, der momentanen Unlust, und vor allem bei »metus«, der Furcht, welche die Zukunft beeinträchtigt. Ebenso wie »libido« kommt sie aus der Vergangenheit und wirkt bis in die Zukunft. Diese Unterscheidung von spontan auftretenden Gegenwartsgefühlen und Gefühlen, die sich in dem Spektrum von Vergangenheit und Zukunft entfalten, finden wir bei Augustinus wieder, der als menschliche Hauptleidenschaften Gefühlsverbindungen von Schmerz-Freude und Angst-Begierde versteht. Diese Leidenschaften werden bei Augustinus jedoch alle in das irdische Dasein des Menschen eingeordnet. Insofern werden alltägliche Gefühle als Leidenschaften, also als Faktoren, die Leiden schaffen, gesehen und als Störfaktor auf dem Weg zu Gott abgewertet.

Schon viel früher und ohne das religiöse Fallnetz des Gottvertrauens ausgestattet, hat die philosophische Schule der Stoa (in der späten griechischen Antike und im römischen Reich) das Ideal der A-Pathie eingeführt und somit das Pathos der Tragödien zu einem Fauxpas, zu einem gesellschaftlichen, philosophischen Ausrutscher erklärt. Apathie ist vernünftig, denn sie verwirrt den Geist nicht, der dadurch ruhiggestellt wird. Die »perturbationes« hingegen erregen, erhitzen, beschleunigen alles, verkürzen die Zeit zwischen Überlegung und Handlung, laden ein zu impulsiven Taten – alles höchst unerwünschte und bedrohliche Eigenschaften aus der Perspektive verantwortungsvoller Männer gesehen, die eigentlich den Staat hätten leiten können und sollen. (So war der Stoiker Seneca beispielsweise Ratgeber des Kaisers Nero, hatte jedoch anscheinend keinerlei Einfluß, auf dessen verwirrtes Gemüt einzuwirken). In der Apathie erstirbt alle Bewegung, und die Stillegung des Gemüts erinnert an die Ruhe des Todes. Schon bald wird wieder der Wunsch nach »einem lebendigen Gott« (Lactanz) geäußert.

Die »passiones« scheinen also für den religiösen Menschen (Lactanz war einer der ersten christlichen Denker im römischen Reich) dazuzugehören, ja gerade in ihrer Anfechtbarkeit und Sündhaftigkeit das Wesen des Menschen auszumachen, so daß die freie Entscheidung des einzelnen für Gott und gegen die Sünde (als Abfallen von Gott) auf der Basis der Willensfreiheit geschieht. Viele vernunftbestimmte Aufklärer hingegen würden die Gefühle und Leidenschaften gerne in den Bereich der »Scheinprobleme« verbannen. Die Trennung zwischen Annehmen und Wegdrängen der Gefühle zieht sich durch die ganze Philosophiegeschichte, die bestimmt ist durch die Trennung von Glauben und Wissen, mystischem Erleben und abstraktem Denken. Das Ringen um das Verständnis, was es mit den Gefühlen auf sich habe, beschäftigt die Philosophen weiterhin.

Für Augustinus sind Gefühle nichts anderes als Willensrichtungen, die er »voluntates« nennt (vgl. *De civitate Dei*, lib XIV). Auch Thomas von Aquin unterscheidet in seiner Affektenlehre zwischen zwei Arten von Einflüssen, die den Menschen bestimmen: Da gibt es den »appetitus sensualis«, als sinnliches Streben übersetzt. Und den »appetitus intellectivus«, worunter der vernunftbetonte Wille verstanden wird. In unserem Sprachgebrauch würde man von (unbewußtem) Trieb und (bewußter) Willensausrichtung sprechen. Sind jedoch alle Gefühle Affekte? Das Wort Affekt kommt im 16. Jahrhundert als Modewort auf und bezeichnet eine Gemütsbewegung, die stärker ist als das alltägliche Gefühl und auf eine erhöhte Erregung zurückgeht. Affekte sind fast wie Infekte: Man holt sie sich in dem sogenannten Sündenpfuhl der Erde, und sie sind, ähnlich wie die mittelalterlichen Anfechtungen, Versuchungen der Seele, die jedoch in den Zeiten des aufkommenden Rationalismus nicht Gott, sondern die Vernunft als Ausrichtung haben. Affekte kommen wie Schicksalsschläge von außen auf den Menschen zu. Man muß sie mit Gelassenheit nehmen und genießen: Das ist die beste Art, mit ihnen umzugehen. Spinoza schreibt einem calvinistischen Eiferer, wohl um seine anticalvinistische Lebensfreude zu demonstrieren und gleichzeitig den Genuß des Lebens als vernünftig hinzustellen: »Selbst wenn ich die Frucht, die ich aus meinem natürlichen Verstand gewonnen, einmal falsch erfände, dann würde sie mich doch glücklich machen, weil ich genieße und mein Leben nicht in Trauern und Seufzen, sondern in Ruhe und Heiterkeit zu verbringen trachte und so stufenweise emporsteige.« Und siehe da: Das stufenweise Emporsteigen über die Hürden der Affekte führt Spinoza letztlich zum Denken eines leuchtenden, verklärenden Gedankens, des Gedankens der Gottesliebe. Hier haben wir es mit Gefühlsgedanken oder Gedankengefühlen zu tun, die weit über dem Niveau des »voluntas«, des freien Willens, des »appetitus« oder dem der Affekte liegen.

Wie jedoch gelingt dieses Emporschwingen auf jenes hohe Niveau? Pascal stellt dem Wissen des Herzens (raisons du coeur) den Verstand gegenüber und gibt dem Herzenswissen den Vorrang, wenn es darum geht, Gott zu erfahren. Die »raison«, die »ratio« ist da nicht das richtige Mittel. Pascal schreibt in seinen *Pensees*: »Das Herz hat ein Verstehen, das der Verstand nicht kennt.« Auch für Spinoza sind die Affekte nur die Ausgangsbasis, um sich (durch nicht immer leicht nachvollziehbare Gedankenwege) hinaufzuschwingen zu einem geistigen Zustand, den er »amor dei« nennt. Gemeint ist damit sowohl die Liebe zu Gott als auch die Liebe Gottes zu allem. Diese doppelseitige Liebe ist es, die die ursprüngliche Trennung wieder aufhebt und Einssein stiftet: eine Erfahrung, die ganz eindeutig eine religiöse ist, wenngleich sie in einer verstandesmäßigen Auseinandersetzung mit der Anfechtbarkeit des Menschen entstanden ist. Gott läßt sich nicht nur fühlen, sondern auch denken – dieses Denken jedoch geht von der Affizierbarkeit – wir könnten auch sagen: Berührbarkeit – des Menschen aus. Der Gedanke, daß Gefühle im Grunde ein Echo auf den Urschmerz der Trennung von Gott beziehungsweise der Großen Einheit sind (wie wir später im Kapitel über die spirituelle Psychologie ausführen werden), kommt in dem Ausspruch des Hl. Augustinus wunderbar zum Ausdruck: »Ruhelos ist mein Herz, o Herr, bis es ruhet in Dir.«

Die grundsätzliche Entscheidung in der Philosophiegeschichte des 19. und 20. Jahrhunderts zwischen der Anerkennung einer Metaphysik und dem Transzendentalismus einerseits und der immer feiner und genauer werdenden Beobachtung von Phänomenen, die sowohl zum Positivismus als auch zu einem agnostischen, areligiösen Vitalismus führten, hat in bezug auf eine umgreifende Theorie der Gefühle eine besondere Bedeutung gehabt. Die Definition des freien Willens stand natürlich in Fragen der Ethik im Vordergrund, denn bei aller Aufklärung und Abklärung war es wichtig zu wissen, woher denn dieser Wille kam, der dem Sollen vorangehen mußte, wenn die Ethik nicht zu einer rein konventionellen Moralität verkommen und durch staatliche Gewalt entgegen der Freiheit des Individuums als Pflicht aufgezwungen werden sollte. In der Diskussion aufkommender Staatsphilosophien wurde die Problematik der Erziehung des Menschen zu einem verantwortlichen Mitglied der Gesellschaft immer deutlicher, denn die Praxis zeigte: Es mangelte oft am Grundlegenden, am Willen. Auf Enthusiasmus allein (altgriechisch: Gotteserfülltheit) wollte man sich nicht verlassen, und »des Gedankens Blässe« war ein Beweis dafür, daß die im Zuge des Rationalismus verachteten, verdrängten und totgeschwiegenen Gefühle jene Buntheit des Lebendigen darstellten, die das Leben erst so richtig lebenswert machten. Sogar der sonst eher trockene Philosoph Fichte sprach dem Gefühl jene wichtige Funktion zu, Erfahrung des Dinges an sich zu sein: Die Dinge werden vorgestellt bloß als Erscheinung, aber als Dinge gefühlt (vgl. *Über den Begriff der Wissenschaftslehre*). Gefühle, so gesehen, konnten die eigentliche Verankerung im Leben bedeuten. Und so wurden die Gefühle im Zuge der Romantik wieder hervorgeholt, tief empfunden, absolut gesetzt, bis zur Besessenheit zelebriert und dort, wo sie nicht als Sentiment vorgefunden wurden, einfach konstruiert. So entstand (und entsteht) Sentimentalität, die sich aus einer Überbewertung der Empfindsamkeit ableitet.

Der rezeptiven Empfindsamkeit, die das Schicksal passiv erleidet, steht der aktive Wille gegenüber, der das Schicksal verändern will. Empfindsamkeit und Wille sind die beiden Pole, zwischen denen die Gefühlskategorien sich aufspannen. Erstere wird eher einem weiblichen Verhalten, letzterer einer gestaltenden und ins Weltgeschehen eingreifenden Männlichkeit zugeordnet. Von daher ist es nicht weiter verwunderlich, daß der Wille in unserem Kulturkreis den Vorrang erhielt (und immer noch erhält). Nach Schopenhauer ist das Gefühl nur ein Sammelbegriff für alle Bewußtseinsphänomene außerhalb der begrifflichen Erkenntnis. Das Gefühl stellt deshalb auch kein philosophisches Problem dar; das Problem, das mit dem Gefühl im eigentlich Sinne gemeint sei, sei das Problem des Willens (vgl. *Die Welt als Wille und Vorstellung*, 1. Buch).

Rousseau führte alle Gefühle auf ein Urgefühl zurück, nämlich auf den Überlebenswillen und Selbsterhaltungstrieb. Er nennt ihn »amour propre«, also Selbstliebe (vgl. *Emile oder über die Erziehung*). Diese Selbstliebe entspricht der wahren Natur des Menschen, alles kann von ihr abgeleitet werden, und alles sollte darauf ausgerichtet sein; ähnlich wie bei Augustinus oder Spinoza die Gottesliebe den Menschen seiner Bestimmung entgegenwachsen läßt. Bei Rousseau wird die Natur als Ursprung und Endziel an die Stelle Gottes gesetzt, zum Zwecke einer sinnvollen Entwicklung. Sie stattet den Menschen mit Vitalität aus. Auch bei Bergson ist der »elan vital« jener erste Beweggrund, der alles andere in Schwung bringt. Dieses Lebensgefühl ist allerdings nicht auf Gott und das Göttliche hin ausgerichtet, wodurch es an Intensität und Tiefe verliert. Es fehlt ihm eben jenes Tremendum, jene Erschütterung, die den Menschen angesichts des Numinosen ergreift (vgl. Rudolf Otto, *Das Heilige. Über das Irrationale in der Idee des Göttlichen und sein Verhältnis zum Rationalen*). Es fehlt an großen, grenzüberschreitenden Gefühlen wie dem der Ergriffenheit (dem das Gefühl des Ent-Setzens und Außer-Sich-Seins auf der Schattenseite entspricht). So scheinen alle Phänomenologien von einer gewissen Unverbindlichkeit gekennzeichnet zu sein. Es fehlt ihnen bei aller Liebe fürs Detail ein umfassendes, ganzheitliches Konzept.

Deshalb unterscheidet der Theologe Schleiermacher zwischen dem Gott der positiven Religion und dem Gott der unmittelbaren religiösen Erfahrung. Er unterscheidet also zwischen einem Gott, an den ich glauben muß, weil ich ihn nicht fühlen kann, und einem Gott, mit dem ich durch ein Gefühl der Bezogenheit verbunden bin. In diesem »Gefühl der schlechthinnigen Abhängigkeit« sieht Schleiermacher die Einwirkung Gottes auf das menschliche Selbstbewußtsein, das gerade darin zugleich seine höchste Seinsstufe erreicht (vgl. *Der christliche Glaube nach den Grundsätzen der evangelischen Kirche*). Hiermit ist ein Gefühl angesprochen, das als Tugend den Anspruch erhebt, von jedem wirklich guten Christen gefühlt zu werden: die Demut. Doch woher soll dieses Gefühl erwachsen, wenn der Glaube allzu rational und die Vernunft zu beschränkt auf das Sichtbare bleibt? Es bedarf eines religiösen Gefühls. Schleiermacher nennt es Frömmigkeit, und ich denke, daß es weniger als ein Anspruch und mehr als ein Hinweis auf die Notwendigkeit der emotionalen Gestimmtheit (und Stimmbarkeit) des Menschen zu verstehen ist.

In der Existenzphilosophie des 20. Jahrhunderts werden solche emotionalen Stimmungen als existentielle Befindlichkeiten Bedeutung erhalten, denn sie scheinen offensichtlich das Leben des Menschen mehr zu bestimmen als alle guten Gründe, die die Ratio sich ausdenken und sogar zu beweisen vermag. Das Ausgeliefertsein, das Gefühl der abgrundtiefen Verlassenheit, der irrationalen Angst, die sich auf keinen bestimmten Inhalt bezieht, der Entfremdung und Ungeborgenheit, alles dies sind Stimmungen, denen die Ratio machtlos gegenübersteht. Es sind jene existentiellen Gefühle, denen die Existenzphilosophie Kierkegaards, Heideggers und Sartres etc. ihre Basis verdankt. Hier wird noch einmal die typisch westliche Aufspaltung in zwei Extreme, der Dualismus der Werte, der unser Denken und Fühlen durch und durch bestimmt, offenbar: Entweder Gott, das Absolute, das Höhere, Größere, das Ganze existiert und überschreitet unsere Begrenzungen, oder wir können uns nur auf uns selbst, auf das Vorhandene, Sichtbare, Konkrete und Materielle beziehen. Daraus entsteht in seiner letzten Konsequenz das Gefühl von Mangel, von Nicht-Erfüllung, Unterernährung und führt zum Basisgefühl der Leere, des Nichts. Gerade in der Nachkriegszeit der 50er Jahre erfährt der Nihilismus seine trendhafte Hochblüte, bis er übergeht in das Wohlstandsdenken der Aufbaujahre, in jene Vernunft, die Sloterdijk eine zynische genannt hat – die dann kippt und jenen fanatischen Idealismus hervorbringt, der dann in den 70er Jahren für politische Terrorbewegungen verantwortlich ist.

Eine dritte Möglichkeit jedoch tut sich ebenfalls auf: Aus dem Osten dringt die Kunde von Weisheitslehren, die jenseits des Dualismus Lösungswege anbieten, wie sie die westliche Logik nicht kennt. Obwohl großartige Denker wie etwa Gabriel Marcel und Teilhard de Chardin das Gefühl der Sinnhaftigkeit neu für das Christentum erschließen möchten, geschieht auf der breiten Basis der Jugendbewegung eine Hinwendung zu außereuropäischen Lehren. Ihre Attraktivität beruht zu einem großen Teil auf der geistigen Erschöpfung, die sich durch streng dualistisches Denken eingestellt hat und darüber hinaus Gefühle nie wirklich kultiviert, den Geist nicht wirklich »gezähmt« hat.

46

3. Die Gefühle
in der Psychologie –
Das Gefühl als unbekanntes X
im Innenleben

Schlägt man in dem ehrwürdigen Lexikon psychologischer und psychoanalytischer Begriffe (H.C. und A.C. English, *A Comprehensive Dictionary of Psychological and Psychoanalytical Terms*, New York 1958) unter dem Begriff des Gefühls nach, so wird man als erstes darüber aufgeklärt, daß ein solcher Begriff hier eigentlich gar nichts zu suchen hätte, ja eigentlich gar nicht existieren dürfte, denn seit der Antike habe man Gefühle theoretisch zu erfassen versucht und sei zu dem Schluß gekommen, daß das Gefühl an sich nicht anders zu definieren sei als durch einander widerstreitende Theorien. Gerade die Widersprüchlichkeit und unübersichtliche Vielfalt scheint sich jedem Klassifikationsnetz von linear-kausalen Zusammenhängen und damit der klassischen Logik zu entziehen. Die Geschichte der Gefühlstheorien selbst ist ein Beleg für die Unmöglichkeit einer gesicherten und eindeutigen Theorie, und so bleibt für den Anhänger klarer Verhältnisse nur der Rückzug auf den Aristotelischen Grundsatz, der besagt, daß man nur denjenigen Exaktheitsgrad erwarten könne, den der gegebene Stoff gestatte (vgl. *Nikomachische Ethik I*). Wie wir gesehen haben, reagiert die Philosophie auf einen solch bedeutenden, aber auch nicht greifbaren Stoff recht hilflos. Es bleibt ihr nicht viel mehr, als sich zu einer erkenntnistheoretischen Problematik zu äußern, Fragen der Abgrenzung dieser Phänomene zu formulieren und spezifische Merkmale der Gefühle zu erfassen. Doch trotz aller phänomenologischen Vorgehensweise und aller Versuche, Gefühle zu klassifizieren, wird sich diese Methode immer wieder als zu reduziert und einseitig erweisen. Als Abhilfe gegen die Plagegeister der Leidenschaften, die den Menschen trotz aller Aufklärung heute ebenso beuteln wie zu Zeiten der griechischen Tragödie, hat sich – neben ihrer kreativen Bewältigung in der Kunst, der Läuterung in der imitatio Christi, ihrer Überwindung und Sublimation durch stoische Selbsterkenntnis – ein weiterer Ausweg aus der »conditio humana« eröffnet: der Weg in die Krankheit. Natürlich gab es diesen Weg immer schon, und er wurde auch schon zu allen Zeiten beschritten, aber nun, im ausgehenden 18. Jahrhundert, zur Zeit Cagliostros und Mesmers erfreut sich dieser Weg wachsender Beliebtheit und Öffentlichkeit, so daß bald ein neuer Berufsstand darauf aufbauen kann: der Seelenspezialist. Ihm obliegt es, die Sprache der Gefühle beziehungsweise der Triebe, Affekte, Motive und Motivationen zu deuten. Der Spezialist wirkt vor allem in seiner Eigenschaft als Dolmetscher bei dem Heilungsgeschehen mit, in der Hoffnung auf »vernünftige Einsicht«, die sich mit der Bewußtwerdung des Problems einstellen möge. Er versucht, die unterdrückten, verdrängten, verzerrten und verborgenen Gefühle aus ihrem Untergrund ins Bewußtsein heraufzuholen, damit sie, einmal an das strahlende Tageslicht der Vernunft gebracht, dort vertrocknen und sich als Hirngespinste, Phantastereien, Ausgeburten eines kranken Gemüts erweisen mögen. Es beginnt eine scharfe Unterscheidung zwischen gesunden, normalen und krankhaft abnormalen Gefühlen. Um diese Unterscheidung besser treffen zu können, beschäftigen sich von nun an auch die Naturwissenschaften mit Gefühlen. Daraus entsteht die Zunft der Psychologie. Selbst hier, auf neutralem Gebiet, macht sich der westliche Dualismus unangenehm bemerkbar: Was dem Philosophen sein Sinn oder Nichtsinn sind, sein Gott oder das Nichts, das sind dem Psychologen Begriffe wie Lust und Unlust, Lebensbejahung und Todestrieb, Symbiose und Autonomiebestreben. Das Ich wird mit der anspruchsvolle Aufgabe betraut, wie ein Wagenlenker die oft widerstrebenden Triebe zu zügeln und zu lenken und den Wagen des Bewußtseins zwischen Skylla und Charybdis, zwischen Unterbewußtem und Über-Ich hindurchzumanövrieren. Oft jedoch unterliegt das Ich aufgrund von Überforderung. Was ein christlich gestärktes Gewissen etwa im Pietismus durchaus noch leisten konnte, ist für ein psychoanalysiertes Ich einfach zuviel. Was fehlt? Ein Christ würde sagen: Gott. Ein Mystiker: die lebendige Erfahrung. Ein Magier: die Kraft des Willens. Ein Psychologe kann nur ahnen: Irgendein Ereignis in der frühen Kindheit muß dafür verantwortlich sein. Ohnmachtsgefühle und Gefühle des Verlassenseins plagen den Erwachsenen, der längst sein eigenes Leben frei bestimmen und nährende, glückliche Beziehungen aufbauen könnte. Aber nein, er bleibt geprägt von diesem grundsätzlichen Mangel. Balint nennt es »*The Basic Fault*«.

Also muß sich die Psychologie mit der Entstehung von Gefühlen beschäftigen, und sie geht zu diesem Zwecke zurück in die Kindheit. Sie fragt sich: Wo und wann entstehen Gefühle?, und sie kommt damit auf die ersten, sehr frühen und noch gänzlich unbewußten Beziehungen, mit denen sich der Mensch Schritt für Schritt in der Welt verankert – oder auch nicht. Hier hat die Beziehungstheorie durch ihre Erforschung sehr früher Beziehungsmuster zwischen Fötus/Säugling/Kleinkind und Mutter/Bezugsperson großartige Einsichten erarbeiten können, die eine wichtige Erweiterung zu der Freudianischen Psychoanalyse darstellen. Die Psychologie begibt sich damit auf die ungewohnten

Pfade der Äthiologie, Biologie, Entwicklungstheorie und sogar der Kybernetik. So schreibt John Bowlby 1962 in *Attachment:* »Organismen regulieren ihr Instinktverhalten in einer Weise, die voneinander verschieden ist, entsprechend der Stufe, auf der sie sich in der phylogenetischen Entwicklung – Entwicklung der Arten – befinden, und dies in einer äußerst primitiven bis zu hoch entwickelten Weise. Das Instinktverhalten reicht so zum Beispiel von primitivem reflexhaftem und nicht variablem Verhalten bis zu komplexen, hierarchisch gestaffelten Vorgehensstrategien mit den ihnen jeweils zugeordneten Funktionen. In den sehr komplexen Organismen kann das Instinktverhalten seine eigenen Funktionen rückkoppelnd verändern, so daß die Anpassungsleistungen noch mehr gewährleistet sind: so etwa im Falle eines Raubvogels, der seinen Flug nach den Bewegungen seiner Beute aussteuert.« Das Konzept eines selbstregulierend sich aussteuernden Instinktverhaltens, das je nach Entwicklungsstufe der Art mehr oder weniger komplex organisiert ist, ersetzt Freuds Theorie der Triebe und Instinkte. Was heißt das aber für den Menschen? Das kybernetische Konzept einer Entwicklung, die nicht vorgezeichnet ist, sondern gemäß bestimmten Gesetzen der Selbstorganisation sich als Prozeß mit offenem Ende vollziehen kann, bedeutet nicht mehr und nicht weniger als die beunruhigende Tatsache, daß der Mensch als hochentwickeltes, äußerst komplexes Wesen in seiner vorbewußten Kindheit und sogar im Zustand des Ungeborenen geprägt wird durch Eindrücke, die gewisse Steuerungsmechanismen in ihm auslösen und sein späteres bewußtes Innenleben bestimmen. Triebe und Instinkte sind somit als solche nicht angeboren, sondern werden ausgelöst, aktiviert. Dies steht im Gegensatz zu Melanie Kleins Theorie, nach welcher das Kind schon im zarten Alter seines vorbewußten Daseins zwischen Gut und Böse, zwischen Zärtlichkeit und Aggression hin und her gerissen wird. Denn Gefühle von gut oder böse, die Begabung zur Zärtlichkeit und der Hang zur Aggression sind nicht angeboren, sondern sind bereits die ersten Gefühlsregungen und Ausdrucksformen des Kindes, die Aufschluß geben über eine lange Kette von Zusammenhängen und Wechselbeziehungen. Das Kind und sogar der Fötus sind von Anfang an bezogen auf die Mutter (oder später auf eine andere feste Bezugsperson).

Gefühle sind Verarbeitungsprozesse, die bei der Wahrnehmung beginnen und ihren Ausdruck in der Kommunikation finden. Damit ist der Prozeß jedoch noch nicht beendet, denn die Reaktion auf das Signal spiegelt die eigene Gestimmtheit ebenso wider wie die Stimmung der Bezugsperson. Auf diese Weise werden ständig neue Signale, neue Reaktionen, neue Informationen produziert, die als Kommunikation weitergegeben werden. Information wird Kommunikation, aber auch Kommunikation wird zur Information. Information wird verarbeitet. Gefühle entstehen, werden ausgedrückt und kommuniziert. Dieses Hin und Her hat einen gesetzmäßigen Ablauf, so daß auf den weiteren Verlauf der Entwicklung geschlossen werden kann. Wir sind eingebunden in ein Beziehungsnetz, das sich über Generationen erstrecken kann. Hier setzt eine Psychotherapie an, die sich auf die Beziehungstheorie stützt: Gefühle werden nicht absolut gesetzt, sondern hinterfragt. Woher kommen sie? Mary Ainsworth ist es durch ihre experimentelle Forschungsarbeit gelungen zu zeigen, wo der Ursprung von Gefühlen zu suchen ist. Sie entwarf eine Experiment-Situation, in der sich das Kleinkind mit der Mutter und verschiedenen Spielsachen in einem Raum befindet. Wie reagiert das Kind darauf, wenn die Mutter für kurze Zeit den Raum verläßt? Entsprechend der verschiedenen Verhaltensmuster, in denen schon rudimentäre Gefühlsformen erkennbar sind, konnten folgende Kategorien aufgestellt werden:

- Das Kind, das sich seiner Mutter sicher ist, das heißt sich in einer bestimmten Weise auf die Mutter bezieht, wird die Mutter vermissen, wenn sie weggeht. Kommt sie zurück, wird es ihre Nähe suchen. Dann wird es ohne Störung wieder zu seinen Spielsachen zurückkehren.

- Das Kind, das sich seiner Mutter nicht ganz sicher ist, das heißt sich in einer Weise auf die Mutter bezieht, die Abwehr als Vermeidungsverhalten einschließt, wird kaum darauf reagieren, wenn die Mutter weggeht. Kommt sie zurück, vermeidet das Kind eine zärtliche, bestätigende Wiedervereinigung und tendiert dazu, die Mutter einfach zu ignorieren.

- Das Kind, das sich seiner Mutter nicht immer sicher ist, also ambivalent hin und her gerissen wird zwischen der Einschätzung von Guter Mutter und Böser Mutter, wird seinen Ärger zeigen, wenn die Mutter den Raum verläßt. Kommt sie dann zurück, fällt es dem Kind schwer, wieder Vertrauen zu gewinnen. Interessanterweise fällt es dem Kind jedoch auch schwer, sich wieder mit sich selbst zu beschäftigen und zu seinen Spielsachen zurückzukehren. Seine Aufmerksamkeit bleibt auf die Mutter fokussiert.

- Das Kind, das keinerlei Sicherheit von seiten der Mutter erwarten kann, erscheint irgendwie zutiefst verstört. Es macht den Eindruck einer grundsätzlichen Desorganisation und Desorientierung, so daß weder Abschied von der Mutter noch Wiedervereinigung mit ihr einen großen Unterschied machen. Die Grundstimmung bleibt die der Entfremdung, der Verlorenheit, des Uneigentlichen, Unstimmigen. Es scheint mir, daß wir hier auch jene existenzphilosophischen Gefühle der abgrundtiefen Verunsicherung wiederfinden, die die moderne Kunst und Literatur immer wieder zum Inhalt haben.

Wie kann es zu solchen Gefühlen bzw. Grundstimmungen kommen? Auf der Ebene der Persönlichkeitsbildung gibt es Hypothesen, die von traumatischen Erlebnissen in der Kindheit ausgehen. Dazu gehören auch Einbrüche beziehungsweise Eingriffe, die später verschwiegen und tabuisiert werden, sich also dem Prozeß bewußter Verarbeitung entziehen. Sicher können auch Traumata auf kollektiver Ebene (der Zusammenbruch eines Reiches, eines Glaubens- und Denksystems) eine solche Verunsicherung bewirken, die sich dann wiederum in der Desorientierung einer ganzen Gruppe oder Gesellschaft zeigt. Hier ist es interessant zu beobachten, wie sich Desorientierung auswirkt: Sie beeinflußt nämlich nicht nur die Gestimmtheit des Menschen, was man als Launen abtun und mit einer Willensanstrengung zu überwinden fordern könnte, sondern sie wirkt sich störend aus auf den Prozeß der Bewußtwerdung. Dieser setzt voraus:

- die Fähigkeit, Information aufzunehmen, wahrzunehmen;
- die Fähigkeit, Informationen zu speichern und wenn nötig abzurufen, also sich zu erinnern;
- die Fähigkeit, Informationen miteinander zu vergleichen und zu vorläufigen Schlußfolgerungen zu kommen, ohne sie absolut zu setzen;
- die Fähigkeit, Schlußfolgerungen zu hinterfragen und sich selbst mit Distanz innerhalb eines Zusammenhangs zu sehen und so zu neuen Schlußfolgerungen zu kommen;
- die Fähigkeit, mehrere Schlußfolgerungen ebenso wie mehre eventuell widersprüchliche Gefühle nebeneinander stehen zu lassen, also Ambivalenz, Unentschiedenheit, Unsicherheit und Frustration aushalten zu können;
- ebenso wie die Fähigkeit, kritisch und reflektierend nicht nur sich selbst, sondern auch den anderen in Frage zu

stellen, Mißtrauen, Distanz und Unsicherheit auszuhalten, ohne sich gleich in den Grundfesten der Persönlichkeit, Identität und Integrität bedroht zu fühlen, das heißt, bis zu einem gewissen Maße belastbar zu sein.

Die Beziehungstheorie zeigt, daß auf dem Hintergrund solcher Gefühle wie ungebrochene Verankerung, Geborgenheit und Urvertrauen einerseits oder Mißtrauen und Verunsicherung andererseits die uns bekannten Gefühlsstandards wie Trauer, Wut, Angst und Freude eine weitere Einfärbung erfahren, da man beobachten konnte, daß der sicher verwurzelte Mensch ganz anders mit Trauer umgeht als der Entfremdete. Und so gibt es nicht nur Wut, Zorn und Ärger als Abstufungen derselben Gefühlsfarbe, sondern auch berechtigten, sozusagen vernünftigen Ärger im Gegensatz zu irrationaler Wut, die keinen realen Bezug zu der Gegenwart hat.

Der Grund irrationaler Gefühle ist in der Vergangenheit, im Unbewußten zu suchen. Und darüber hinaus endet die linear-kausale Beweisführung nicht bei der schlechten Mutter, die ihrer Aufgabe bedingungslosen Bemutterns nicht nachgekommen ist, sondern sie hinterfragt, wie die Mutter sich wohl als Kind auf ihre eigene Mutter bezogen hat. Es wird also erforscht, wie geartet der Hintergrund des Hintergrundes sein mag, wenn auf der Leinwand der Gegenwart Gefühle erscheinen und als innere Filme einen Absolutheitsanspruch aufweisen, der den Menschen, der Selbstkritik nicht zulassen kann, um so mehr überzeugt, als Gefühle in der weit verbreiteten, allgemeinen naiven Sichtweise meist als autonome Produkte des Unbewußten gewertet werden. Gefühle sind da, und sie sind so, wie sie sind, gleichsam statische Endprodukte der seelischen Tätigkeit. Aber wo hört die Seele auf, und wo beginnt der Geist?

Die Grenze zwischen Fühlen und Denken ist fließend, ebenso wie es die Grenze zwischen Wahrnehmung und Fühlen ist. Ist das Fühlen auf dem Boden der Verunsicherung gewachsen, entstehen diffuse Gefühle, die nicht auf die Gegenwart bezogen sind und nicht zur intelligenten Bewältigung gegenwärtiger Probleme beitragen. Die selbstregulierende Weisheit des menschlichen Organismus als Leib-Seele-Geist-Einheit kann sich hier nicht optimal entfalten. Das Denken ist beeinflußt, es äußert sich wirr, unzusammenhängend, unkonzentriert, ohne Sinnstiftung. Und so zeigt sich, daß Gefühle eine Vorform von Denkprozessen sind, die als Ziel die Organisation, die Umorganisation und Neuorganisation der leib-seelisch-geistigen Einheit haben und Sinn finden, Sinn schaffen oder Sinn wiederherstellen sollen, wo der Mensch in Krisensituationen durch Sinnlosigkeit bedroht ist. Daher wird eine Psychotherapie, die »unvernünftige« Gefühle nicht als Symptome diagnostiziert, sondern deren Herkunft orten und sie im Dialog verflüssigen und sich neu formen lassen will, dem Fühlen als Fähigkeit mehr Wert zumessen als eine Psycho-Technik, mit deren Hilfe Gefühle aus dem Zusammenhang gerissen bearbeitet, als Ausdruck ausagiert oder als Programm ausgelöscht werden. Ausagieren wie Löschen sind Methoden, die der Inquisition und dem Exorzismus verwandt sind.

Allerdings, so wird von anderer Seite argumentiert, sind nicht alle Menschen für den Dialog offen, oder es ist weder die Zeit noch der innere Raum gegeben, langwährende Prozesse der Bewußtwerdung oder Erziehung in diesem Sinne durchzuführen. Deshalb ist es wichtig, auf ein gut bestücktes Sortiment verschiedener Ansätze und Methoden zurückgreifen zu können.

Eine andere Weise des Herangehens an und des Umgehens mit den Faktoren des Innenlebens – Wahrnehmungen, Gefühlsinhalten, Gedankenprogrammen und Verhaltensmustern – stellt die bioenergetische Methode nach Wilhelm Reich dar. Sie setzt da an, wo der Analytiker kapitulieren muß: beim Körper, durch den in ungestörtem Zustand die Lebensenergie fließt und in dem sich die selbstregulierende Weisheit des Organismus durchsetzen kann. Im Körper manifestieren sich Blockaden des Energieflusses, am Körper können sie abgelesen werden, denn für den Experten ist die Körperform wie ein offenes Buch, in dem alles, was geschehen ist, notiert wurde. Im Körper sind Gefühle gespeichert, die dem bewußten Zugriff der Erinnerung nicht zugänglich sind. Wer also die Sprache des Körpers spricht und versteht, besitzt den Schlüssel zum unbewußten Wissen. Dieses Wissen ist, wie sich herausstellen wird, durchaus wertvoll und nicht nur angefüllt mit Trug- und Traumbildern. Es ist das Wissen um die Lebenskraft, eben jenen *elan vital,* der wichtig für die Lebendigkeit ist. Das Körperwissen ist ein Wissen um Kraft, um Rhythmus, um Energie. Eine Psychotherapie, die beim Körper ansetzt, wird also die Störungen auf energetischer Ebene betrachten. Ausgangspunkt hierfür ist das ungestörte und ausgeglichene Fließen der Lebensenergie durch den Körper, welches das lebendige System in ständiger selbstorganisierender Veränderung aufrechterhält. Dieses System bedarf sowohl einer stabilen Kontinuität als auch zugleich einer Flexibilität, die sich auf die verschiedenen Situationen und Aufgaben in der Welt optimal einstellt. Das Wunder, das der lebendige Organismus leistet, ist, Kontinuität und Flexibilität, Stabilität und Veränderung miteinander harmonisch zu verbinden. Und natürlich kann es gerade hier zu Störungen kommen. Diese Störungen werden insbesondere im Erscheinungsbild des Körpers manifest, beispielsweise als überspannte oder schlaffe Zonen, in denen offensichtlich Lebensenergie entweder gestaut ist oder nicht durchgelassen wird. So bildet sich ein Charakterpanzer, der mit seinem typischen Erscheinungsbild bestimmte typische Gefühle verbindet. Gefühle sind hier vor allem negative Gefühle, die durch Abwehrmechanismen entstehen: Das ursprüngliche Fluten der Lebensenergie wird abgeblockt, weil der Schmerz der traumatischen Erfahrung in der Kindheit unerträglich ist. Die Berührung durch das Leben kann nicht zugelassen werden, und so entsteht eine Panzerung, die vor der Berührung schützt und den Menschen in sich selbst einschließt.

Die Gefühle erzählen die Geschichte ihrer Herkunft: Sie ziehen eine Spur zurück zu dem Moment, da zum ersten Mal der Urschmerz einer Abtrennung vom Strom des Lebens erfahren wurde. Die traumatische Erfahrung wird je nach dem Zeitpunkt ihres Eintretens in den leibseelischen Organismus verarbeitet, so daß sich auf autonomer, organischer, unwillkürlicher, dem Willen nicht unterworfener Ebene Verhaltensmuster bilden, mit denen auch in Zukunft auf bestimmte Situationen reagiert wird. Hier erweisen sich Gefühle als Strategien der Lebensbewältigung, und nur zu oft sind sie längst überholt, veraltet, richten mehr Schaden an, als daß sie Nutzen stiften. In den Mustern von Aktion, Reaktion und Interaktion sind typische Gefühle eingeschlossen, die zum Programm der angewandten Lebensstrategie gehören, aber im Grunde nur eine Wiederholung des traumatischen Urmusters sind.

Es gibt eine bioenergetische Typologie, die bestimmte Verhaltensmuster einschließlich bestimmter Gefühle entsprechenden frühkindlichen Phasen zuordnet. Sie wird hier erwähnt, weil die unüberschaubare Vielfalt der Gefühle dadurch eine weitere Einordnung erfährt. Es ist jedoch wichtig, darauf hinzuweisen, daß es im Leben nicht wie im Lehrbuch zugeht: Die Gefühle kommen meist gemischt. Trotzdem soll eine Aufstellung einen Überblick geben.

- **Die schizoide Persönlichkeitsstruktur** (zerrissen, gespalten):

Die traumatische Erfahrung ereignet sich im Mutterleib während der Schwangerschaft, während der Geburt oder in den ersten Tagen danach. (Durch schlechte Lebensbedingungen der Mutter, Schwäche, Krankheit, psychische Labilität etc., oder durch Ablehnung eines Elternteils.) Dies führt zu Gefühlen der Verlassenheit, der Unverbundenheit und Ungeborgenheit, der Heimatlosigkeit. Das bedeutet für den einzelnen, keine Existenzberechtigung zu spüren, sich, den Körper nicht zu spüren; die Angst, keinen Platz auf dieser Welt zu haben, auf dem falschen Planeten zu leben, sich nirgends zugehörig zu fühlen, ungewollt, unerwünscht zu sein; Angst vor Auslöschung, Vernichtung; Rückzug aus der Wirklichkeit in die Welt der Gedanken, Ideen, Vorstellungen. Gefühllosigkeit. Gefühlskälte. Geistesabwesenheit. Werden Feindseligkeit und Ablehnung von außen erlebt, reagiert der schizoide Mensch mit Wut über seine Gefühle der Verzweiflung und Ohnmacht. Er hat Angst, auseinanderzufallen oder von dem eigenen inneren Horror und Terror in Stücke gerissen zu werden. Außerdem besteht ein tiefsitzendes Mißtrauen den anderen und der Welt gegenüber, welches die Folge einer gestörten Wahrnehmung ist, die sich ganz auf konkrete Fakten und Daten einerseits und andererseits ihre Auswertung durch mentale Prozesse stützen muß. Da der Kontakt zum selbstverständlichen Fließen und Fluten im Leben unterbrochen ist und sich daraus ein Gefühl der Zerrissenheit und Gebrochenheit ergibt, fühlt sich der Schizoide ausgeschlossen aus der Gnade der Selbstorganisation: Er muß beobachten, wachen, überprüfen, alles mit seinem Willen zusammenhalten. Daraus resultieren weitere Gefühle der Verfolgung und Ausbeutung, welche nur durch noch rigoroseres Anzweifeln der Wirklichkeit (»das Leben als Traum«) abgeschüttelt werden können.

• **Die orale Persönlichkeitsstruktur** (Abhängigkeit des Kindes, von der Mutter ernährt zu werden):
Die traumatische Erfahrung ereignete sich durch einen Entwicklungsbruch in der frühesten Phase der Kindheit, in der die Mutter das Kind ernährt. Die Mutter gab dem Kind, aber sie gab nicht genug. Das Kind kompensiert diesen Verlust, indem es sich zu früh abnabelt, um den Schmerz der Unerfülltheit nicht zu spüren. Es wird unabhängig, nur um später für diese Kompensation büßen zu müssen und sich in Abhängigkeitsstrukturen wie etwa in einer Sucht zu verfangen und unfrei zu bleiben. Die Grunderfahrung ist die der Entbehrung. Die Gefühle, die sich daraus bilden, sind einerseits gekennzeichnet von Freiheitsdrang und Unabhängigkeitsstreben, andererseits von Leere und der Sehnsucht, endlich die unendliche Erfüllung, Befriedigung zu finden. In seinem verzweifelten Bestreben, Nahrung für sich zu finden, fehlt jede Gelassenheit, und es entsteht Streß. Nichts ist genug, ist gut genug, nichts kann das Loch der ersten Unzufriedenheit füllen. Daraus entsteht eine Haltung der Verachtung und unersättlichen Gier. Natürlich folgt die Enttäuschung und wandelt sich zu Bitterkeit. Klagen ersetzen direkte und konkrete Bitten, die den Stolz verletzen würden. Zu quälend ist das Eingeständnis von Bedürfnissen und Bedürftigkeit.

• **Die psychopathische Persönlichkeitsstruktur** (neigt zur Explosion):
Die traumatische Erfahrung besteht darin, daß das Kind den gegengeschlechtlichen Elternteil als geheimen Verführer erlebte und sich vom gleichgeschlechtlichen El-

ternteil nicht gestützt fühlte. Um das zu erreichen, was es wollte, hat es gelernt zu manipulieren, und so haben wir es mit Gefühlen zu tun, die im Bereich der Verführung, der Machtausübung bis hin zur Gewaltanwendung ihre stark explosive Kraft entfalten. Herrschsucht, starre Selbstgerechtigkeit, Besserwisserei, Allmachtsgefühle bis zum Größenwahn, tyrannische Sturheit und unerbittlicher Durchsetzungswille, der zwanghaft ausagiert wird, überdecken darunterliegende Gefühle, die vor allem Ängste sind. Da ist die Angst, sich zu irren, Fehler zu machen, Einsicht und Umkehr üben zu müssen, abzukommen von dem, was man sich vorgenommen hat, von einem großen Vorhaben und Plan – all dies wird als Demütigung und Eingeständnis der Schwäche, als Niederlage gesehen. Das Aufrechterhalten der Maske, die einen unsicheren Menschen verbirgt, wird als Heldentum, als (männliche) Kämpferhaltung gewertet. Er mag sich als Vulkan gebärden, als leidenschaftlicher Liebhaber erscheinen, aber immer bewahrt er die Kontrolle und gibt sich nicht hin.

- **Die masochistische Persönlichkeitsstruktur** (neigt zur Implosion):
Die traumatische Erfahrung besteht darin, daß die Liebe, die in der Kindheit erfahren wurde, an Bedingungen geknüpft war. Das Kind wurde nicht angenommen, so wie es war, sondern sollte bestimmten Vorstellungen entsprechen. Nur dann war es »richtig« und somit liebenswert. Für jeden Versuch, den es unternahm, seine Freiheit zu bewahren beziehungsweise sein Autonomiestreben durchzusetzen, wurde es damit bestraft, daß ihm Schuldgefühle eingeimpft wurden. So wurde sein Wille gebrochen. Es reagiert darauf mit Gefühlen von Haß und Wut, die aber unterdrückt bleiben und in ihm schwelen.

Gefühle der Scham und der Selbstablehnung wirken implosiv, das heißt sie lassen die Lebensenergie im Innersten, in welches sich der Masochist auch verkriecht, als wollte er von der Erde verschwinden, versickern und versacken. Es bleibt wenig Kraft, das Eigene zu tun, sich auf die eigene Kreativität zu konzentrieren, auf die eigene Schöpferkraft zu vertrauen. Das erzeugt Gefühle der Schwäche, auf die andere Menschen nicht mit Achtung, sondern Verachtung reagieren. So verstärkt sich das Gefühl der eigenen Wertlosigkeit, Lächerlichkeit, und es bleibt nichts anderes übrig, als sich anzupassen, den Anforderungen der Umwelt nachzukommen, um geliebt zu werden und sich auf diese Weise als wertvoll zu erfahren. Dadurch aber wird der Schmerz des Selbstverrats verstärkt, und alles endet schließlich in Resignation.

Ich habe im therapeutischen Kontext immer besonders gerne mit diesen Typologien und den ihnen zugeordneten Gefühlen gearbeitet, aber nicht, um sie bei mir und bei anderen festzustellen – das wäre eine Zumutung –, sondern um sie darzustellen, denn: das sind wirklich starke Gefühle. Und die Typologien greifen sofort, insofern der Darsteller unmittelbar Teile von sich erkennt, Gefühle fühlt, die er sich nie zu fühlen getraut hatte. Durch das Ausspielen dieser Gefühle geschieht schon Heilung, denn eine erste Distanzierung gelingt durch das Ausdrücken, das Herausstellen jener verinnerlichten Gefühlsformen, die so bedrückend wirkten. Manchmal stelle ich auch Masken dar, und dann geht es mir viel besser. Dann fühle ich mich so richtig lebendig.

4. Die Erlösung der Gefühle in einer spirituellen Psychologie

Was versteht man unter spiritueller Psychologie? Und inwiefern unterscheidet sie sich von der Psychologie, mit der wir aufgewachsen sind und die in unserem modernen westlichen Leben eine solch wesentliche Bedeutung gewonnen hat?

Von einer spirituellen Psychologie wird eigentlich erst im Zuge des New-Age-Denkens gesprochen. Wichtige Impulse kamen und kommen immer noch von der Anthroposophie und Theosophie, die jedoch bislang als Geheimwissenschaften nur für Insider beziehungsweise treue Adepten zugänglich waren. Ebenso kommen viele Impulse und Einsichten aus dem Geistheilen, einer Kunst, die im Volke seit Menschengedenken vertreten war, nur zu oft verfolgt wurde und sich heute immer mehr in das Bewußtsein der Allgemeinheit drängt. Neueste Veröffentlichungen zeigen auf, daß sich die westlichen Naturwissenschaften durchaus mit den mystischen Einsichten des Ostens oder mit den westlichen Geheimlehren vereinbaren lassen. Dies ist eine erfreuliche Entwicklung, wird doch die rigide Trennung zwischen Ratio und Irrationalem aufgehoben und eine ganzheitliche Synthese angestrebt.

»Im Gegensatz zur klassischen Psychologie, die das persönliche Ego des Menschen in den Mittelpunkt stellt, ist die spirituelle Psychologie ein Weg ganzheitlicher Erkenntnis. Sie befaßt sich mit der Seele des Menschen. Der klassischen Psychologie geht es um die Stärkung des persönlichen Egos und der Ich-Liebe, indem sie versucht, die bewußten und unterbewußten Probleme, die sich auf das gegenwärtige Leben eines Menschen beziehen, zu erkennen und ihm zu helfen, diese Probleme zu überwinden, um mit einem mehr oder weniger intakten Ego ein besseres Leben zu führen. Die spirituelle Psychologie geht darüber hinaus; ihr Anliegen ist das ganze Wesen. Sie betrachtet es in seiner Spiritualität und Vielseitigkeit auf allen Ebenen des Daseins.« (M.N. Pollock)

Die Seele wird als Hologramm gesehen: Sie stellt einen ungeheuren holographischen Gedächtnisspeicher dar, der uns ermöglicht, an unser gesamtes Wesen heranzukommen, das sich aus mannigfaltigen Informationen zusammensetzt. Unsere Seele vermag sich zu erinnern an:

- die Gefühle, die im Moment der Empfängnis, während des Lebens im Mutterleib, im Augenblick der Geburt und im Laufe des gegenwärtigen Lebens erfahren werden (im Gefühlskörper);
- die Gefühlsmuster des familiengenetischen Kodes oder Familienkarmas, welche Schwingungen des Astralkörpers sind (im physischen Körper als Widerhall astraler Schwingungen gespeichert);
- Gefühle und Gedanken, welche aus anderen Leben stammen; Erfahrungen widerspiegeln (im Astralkörper);
- Gefühlserinnerungen (in der Astralebene);
- Sachverhalte als einfache Gedankenformen (in der Akasha-Chronik auf der buddhistischen Ebene).

Die spirituelle Psychologie sieht eben nicht nur die Situation des Ichs im Hier und Jetzt, sondern auch die Verbindungen der einzelnen Inhalte mit dem gegenwärtigen Erscheinungsbild. Sie bezieht sich auf Dinge, die außerhalb unserer sichtbaren Wirklichkeit und unserer normalen

Wahrnehmung liegen und deshalb von den Wissenschaften ebenso wie von den zugelassenen Heilpraktiken lange nicht miteinbezogen wurden. Hier scheint sich jedoch etwas zu verändern, da durchaus ernstzunehmende Persönlichkeiten, oft im naturwissenschaftlichen Bereich tätig, (wie zum Beispiel die Heilerin Barbara Ann Brennan, die früher im Bereich der Atmosphärenphysik forschte) ihrer angeborenen Begabung der Hellsichtigkeit nachgehen und sie anwenden. Es gelingt auch zunehmend, dieses früher verborgene und geheimgehaltene Wissen zu systematisieren und didaktisch aufzuschlüsseln, so daß es einer größeren Menge von Menschen zugänglich gemacht werden kann. Dieses Wissen schließt Inhalte ein, die früher durch Glaubensdogmen abgedeckt worden waren, und sind, unter anderem, folgende:

- Das Wissen um die Quelle. Darunter wird die göttliche Anwesenheit im menschlichen Leben und in der Welt verstanden.

- Das Wissen um die Quelle setzt das Wissen um die Verbindung zwischen Gott und Mensch voraus. Es ist das Wissen um das sogenannte Höhere Selbst. Darunter wird eine Instanz verstanden, die kontaktiert werden kann und die wie ein Schutzengel über den Menschen wacht, auch wenn dieser sich seiner Beziehung zur Quelle oder zu Gott nicht bewußt ist.

- Und es ist das Wissen darum, wie die Trennung von der Quelle zustande kommt. In Zeit und Raum hineingeboren zu werden bewirkt eine Trennung vom Ursprung, der die Große Einheit darstellt, während das Leben in der Wirklichkeit, so wie wir sie gewohnt sind, ein Aufgehen in der Vielfalt der Formen, eine notwendige Aufsplitterung bedeutet. Für manche Menschen ist der Urschmerz der Trennung gegenwärtig, für andere ist es mehr eine getrübte Ahnung oder ein dumpfes Sehnen.

Die Funktion aller Religionen ist es, diese Trennung
aufzuheben und auf diese Weise einem urmenschlichen
Bedürfnis nachzukommen.

- Das Wissen um das Wesen der Trennung ist das Wissen
  um den Urschmerz.
- Das Wissen um die Möglichkeit der Wiedervereinigung
  ist das Wissen um die tiefste Sehnsucht.
- Das Wissen um die Spiritualität des Menschen nimmt
  den tiefsitzenden Wunsch des Menschen, sich mit seinem Ursprung wieder zu vereinen und in die Einheit
  zurückzukehren, ernst.

Die spirituelle Psychologie ist ein Mittel, Heilungswege
aufzuzeigen, indem sie durch Erkenntnis und Verständnis,
neben praktischen Übungen und Praktiken, den Prozeß der
Rückführung zu sich selbst, zum Ursprung und zur ursprünglichen Einheit unterstützt, so daß der Mensch wieder eins mit sich wird oder, wie es oft ausgedrückt wird,
der wird, der er eigentlich ist. Der Umgang mit Gefühlen
in der spirituellen Psychologie unterscheidet sich von dem
in der klassischen Psychologie dadurch, daß Gefühle im
Heilungsprozeß zwar durchaus ihren Platz haben, sie als
emotionale Prozesse jedoch mehr zum Durchleben einladen und ihrer Auflösung und Erlösung harren, statt als
fixierte Formen im Bewußtsein gehortet und durch falsche
Bedeutungszuweisung verstärkt zu werden. Die Vielfalt der
Gefühlsstimmungen soll durchaus wahrgenommen und
kultiviert werden, sich jedoch nicht als erstarrte idee fix
im Bewußtsein verewigen. Dabei wird zwischen guten und
schlechten bzw. zwischen erlösten und unerlösten, höheren und niederen Gefühlen unterschieden, und zwar im
Sinne einer Wertung, die sich an den beiden Polen Trennung – Vereinigung orientiert. Es gibt Gefühle, die durch
Trennung entstanden sind und die diese Trennung weiter-

hin aufrechterhalten, wenn sie nicht erlöst werden. In den Märchen erfahren wir immer wieder, daß die Liebe etwa dasjenige aller Gefühle ist, das am meisten in Fluß bringt, was erstarrt und getrennt war. Und so geht es in der spirituellen Psychologie immer wieder um das große Thema Liebe. Hier wird wiederum unterschieden zwischen

- bedingter Liebe, das heißt einer Liebe, die unter bestimmten Bedingungen zustande kommt,
- und der bedingungslosen Liebe, die keine Bedingungen kennt.

Letztere ist ein hohes Ziel, das oft nur auf Umwegen erreicht wird. Auch davon erzählen die Märchen. In den Heiligenlegenden lesen wir von ganz unheiligen Menschen, die habgierig, stolz und grausam waren, bis sie im Herzen getroffen an ihre ursprüngliche Verbindung zu Gott erinnert wurden. Dann begann der lange Prozeß der Heiligung, der auch als ein Prozeß der Heilung angesehen werden kann, wobei sich hier natürlich Heilung auf einer ganz anderen Ebene als der uns gewohnten vollzieht. Aber auch wir können von den Heiligen lernen, indem wir von ihrem unheiligen, also unvollständigen und unvollkommenen Zustand des Vorher erfahren und gleichzeitig das Nachher als leuchtendes Beispiel vor Augen haben. Dem Ich kommt dabei eine wichtige Funktion zu: Es ist der Interpret, der die Erfahrungen in der Welt, in Zeit und Raum wahrnimmt, bewahrt, vergleicht, auswertet und zu vorläufigen Ergebnissen kommt.

Das Ich ist dann am besten eingesetzt, wenn es sich in dieser Funktion der Vermittlung erkennt und nichts endgültig festlegen will. Das Ich allein kann auf beiden Ebenen Erfahrungen machen: in der »stofflichen«, der handfesten Wirklichkeit der Fakten und Daten, und in der geistigen Welt, in der wir uns als Wesen und als Selbst, als mögliche

Ganzheit erleben beziehungsweise denken oder vorstellen. Das ganz persönliche Ich eines Menschen hat folgende Aufgaben:

- Es nimmt durch die Sinne wahr, ist also von der körperlichen Erfahrung abhängig;
- Es benützt Körper und Gehirn, um die Informationen zu verarbeiten und zu speichern;
- Es verleibt sich Ereignisse ein, die zur persönlichen Charakterstruktur führen, die wiederum sowohl das leibliche Erscheinungsbild als Körpergestalt als auch das leibliche Erleben im Körpergefühl bedingen.
- Es sammelt und sortiert Erfahrungen, die gleich Programmen in der großen Datenzentrale des Unterbewußten gespeichert sind. Um Zugang zu diesen unbewußten Informationen zu bekommen, muß das Ich seine Ebene des Ich-Bewußtseins verlassen und auf die Es-Ebene gehen. Eben dies geschieht zum Beispiel in der Trance.

Die spirituelle Psychologie lokalisiert im Unbewußten folgende Körper, die nicht stofflicher, sondern geistiger beziehungsweise feinstofflicher Natur sind: den Gefühlskörper, Mentalkörper und Astralkörper. Das Ich hat die Aufgabe eines Dirigenten, der das Orchester der inneren Stimmen dirigiert, aber als Dolmetscher auch sowohl die einzelnen Stimmen zu Worte kommen läßt als auch ihre Botschaft in eine dem Bewußtsein verständliche Sprache übersetzt.

Das Ich ist also für ein gutes Funktionieren im Alltag zuständig. Das persönliche Ich eines Menschen kann mit dieser Aufgabe oft nicht mehr zurechtkommen, weshalb der spirituelle Heiler es einfach umgeht und sich direkt an das Unbewußte wendet. Dieses wird als Hologramm vorgestellt, in welchem in der nicht-stofflichen Form von Informationen eine Unmenge von Daten aufbewahrt werden können. Diese Daten beziehen sich nicht nur auf dieses, dem Bewußtsein und der bewußten Erinnerung zugängliche Leben, sondern auf andere, unbewußte Lebensphasen (frühe Kindheit, pränatale, intrauterine Phasen) oder sogar auf frühere Inkarnationen. Der Heiler hat hier die Aufgabe, Klarheit zu schaffen und die Lebensenergie wieder in Fluß zu bringen. Alte Gefühle als Relikte vergangener Wirklichkeitsdeutung und Bewältigung von Lebensaufgaben können hier aufgelöst werden, indem sie einfach wieder in den breiten Strom des Lebensflusses eingeschleust werden, so daß sie als reine Energie wieder neu zur Verfügung stehen. Es gibt so etwas wie Gefühlskonserven. Ich nenne sie so, weil man diese Gefühle wie in Konserven verpackt im Keller verstauen, sich hochholen, die Konserve öffnen und sich von ihrem Inhalt ernähren kann, wobei der Nährwert allerdings gleich Null ist, während die Illusion einer guten richtigen Nahrung entsteht und der Körper dabei vergiftet wird. Bei diesen Gefühlen, kaum aus der Dose befreit und sich einverleibt, entsteht das Gefühl, mitten im Leben, so richtig lebendig zu sein. Sobald hier eine grundlegende Entsorgung der Illusionen stattgefunden hat – sei es durch das einsichtige Ich, sei es durch Eingreifen des Heilers auf energetischer Ebene, indem er die Gefühle einfach ausstreicht –, sobald also dieser alte Gefühlsmuff sich aufgelöst und geklärt hat, indem er losgelassen wurde, ist es dem Ich möglich, Unbewußtes und Bewußtsein miteinander zu verbinden. Dies ergibt eine Zugangsmöglichkeit zu dem überbewußten Ich, das nicht mit dem freudianischen Über-Ich verwechselt werden darf und meist als Höheres Selbst bezeichnet wird.

Der Zugang zum Höheren Selbst ist erst dann frei, wenn alte Gefühle geklärt wurden. Daraus ergibt sich ein Mißtrauen allen Gefühlen gegenüber, denn welches Gefühl wäre nicht alt? Gefühle hinken immer hinter dem Erleben nach, haben immer schon dessen Frische und Unmittelbarkeit verloren. Trotzdem gehören sie zum menschlichen Leben dazu und haben die wichtige Funktion der Aufarbeitung. Sie sollten als wichtige Helfer anerkannt und geschätzt, allerdings auch wiederum nicht allzu wichtig genommen und sogar als despotische Herrscher im Seelenhaushalt eingesetzt werden. Hier gilt es eine gemäßigte Mittelposition zu finden zwischen übereifriger Gefühlshygiene in Form von Scientology-Saubermännern (»clean« heißt befreit von alten Gefühlsresten) und nostalgischem Schwelgen in Gefühlsformen, die vielleicht gar nicht die eigenen sind und keineswegs zur Lebensbewältigung beitragen. Zu entscheiden, welche Gefühle brauchbar sind, und welche entsorgt werden müssen, diese Aufgabe fällt dem Ich zu. Allerdings kann es sich Unterstützung beim Höheren Selbst holen, so daß es in dem schwierigen Unternehmen der Läuterung und Transformation Führung erhält.

Das Ich bekommt in der spirituellen Psychologie auf energetischer Ebene – wie etwa durch Energieübertragung (Handauflegen, Lichtvisualisation) und Energiebalancierung (Massage, Aus- und Abstreichen gestauter Energiefelder, Visualisationsübungen von Energiekreisläufen) – sehr viel mehr Hilfe als in der klassischen Psychologie, wo abgesehen von Medikation und verhaltenstherapeutischen Interventionen eigentlich nur noch der Transfer zwischen Therapeut und Patient helfen kann, Urschmerzen, abgrundtiefe Einsamkeit, Verzweiflung und andere existentielle Gefühle zu überwinden. Damit ist das gestörte, isolierte Patienten-Ich ganz auf die Ebene der zwischenmenschlichen Kommunikation angewiesen, und wie wir nur zu oft aus der Praxis wissen, reicht das Zwischenmenschliche nicht aus, um allgemein menschliche Begrenzungen aufzuheben.

Die klassische Psychologie hilft, mit den Begrenzungen zu leben. Die spirituelle Psychologie bezieht sich auf das, was jenseits dieser Grenzen ist. Sie kommt damit zu ganz anderen Auswertungen der Gefühle, als wir es gewohnt sind. Zunächst setzt sie an einer energetischen Ebene an und fragt nach, wie einzelne Gefühle erlebt werden. Dabei unterscheidet sie zwischen energieraubenden Gefühlen und energiespendenden Gefühlen.

Und so gibt es eine Staffelung von Gefühlen, die bei größtem Energieverlust beginnen und sich hinaufziehen in Bereiche von Gefühlen, die Energie geben. Es beginnt beim »schwarzen Loch« abgrundtiefer Hoffnungslosigkeit und Verzweiflung, führt über Kummer und Angst (beides Gefühle, die durchaus berechtigt sein können und ihre Zeit brauchen, um abgearbeitet zu werden) zu Gefühlen der Schuld, die helfen, sich klarzuwerden, worin die Schuld besteht und wie sie zu begleichen ist. Auch Sucht als Gefühl ist bei M.N. Pollock aufgeführt, wobei Sucht, wenn sie bewußtgemacht wird, einen wichtigen Prozeß der Bewußtwerdung einleiten kann. Dies gilt auch für Zorn und Wut, die als festgehaltene und implodierte Kräfte im Seelenhaushalt des Menschen eine positive Funktion übernehmen können, werden sie einmal erlöst und etwa in Mut und Engagement verwandelt. Arroganz versteht Pollock als ein Gefühl, welches auf einen Gefühlszustand der Überheblichkeit und Isolation verweist und der auf tiefer liegenden Störungen wie etwa persönlicher Unsicherheit beruhen kann. Wird Arroganz jedoch nicht nur im Kontext der alltäglichen Gefühle sondern in bezug auf den Urschmerz und die Ursehnsucht gesehen, so ist die Verwandlung von Hochmut (im Mittelalter eine der sieben Todsünden) in Demut naheliegend und unendlich befreiend. So entsteht das, was wir Akzeptanz nennen und was als Annehmen des Schicksals weit darüber hinausgeht, da es uns existentiell betrifft. Es entsteht ein Gefühl der Gelassenheit, der Ausgeglichenheit, der Harmonie, genau das, was die Philosophen immer angestrebt haben. Erst von diesem hohen Plateau des Wohlbefindens ist es möglich, das Ziel der bedingungslosen Liebe zu erreichen!

Unsere Gefühle beeinflussen das Denken, selbst wenn wir sie unterdrücken (durch ständige Selbstbeherrschung) oder vor ihnen flüchten (zum Beispiel in den Alkohol, die Arbeit, die Sucht), sie gar nicht erst zulassen (verdrängen) oder sie voll »rauslassen«, sie zum Ausdruck bringen.

Der Kopf ist trotzdem nicht frei. Das Denken ist subjektiv gefärbt. Dies ist aber nicht bei allen Gefühlen so. Die Beeinträchtigung des objektiven Denkens ist am größten bei den »dunklen« Gefühlen, die feinstofflich als Verdichtungen und Ballungen in den Energiekörpern wahrgenommen werden. Sie strahlen am meisten ihre Eigenfärbung aus, lassen kein Licht oder nur wenig Licht durch, »machen dicht« und verschließen sich der Einsicht durch Vernunft. Es gibt aber Gefühle, die das Denken in seiner klaren objektiven Form fördern. Das sind die umgewandelten, erlösten und geläuterten Gefühle, die als durchlässig und energiegebend beschrieben wurden. Und so läßt es sich unter dem Einfluß des Gefühls bedingungsloser Liebe besonders gut denken und urteilen – eine Erkenntnis, die in der westlichen Philosophie viel zuwenig Raum gefunden hat, wenngleich ihr Spinoza etwa mit seinem Begriff der Gottesliebe sehr nahe gekommen ist.

Der Kopf ist erst frei, wenn die Gefühle geklärt worden sind. Doch anstatt nun auf die einzelnen Gefühle einzugehen, schlägt die spirituelle Psychologie vor, alle Gefühle auf eine Grundgegebenheit zurückzuführen. Diese heißt: Verlust. Dabei ist es nicht der Verlust eines bestimmten Dinges und nicht einmal der frühe Verlust von wichtigen

Bezugspersonen, sondern der Verlust, der mit der Trennung von Gott, mit dem Fall aus der Einheit in die Vielfalt zusammenhängt. Wir alle haben ihn erlebt, wenn wir davon ausgehen, daß es etwas gibt, was größer, reicher, voller ist, als wir uns selbst erleben, und das eine Ganzheit bildet, die wir verloren haben. Wir erleben uns dann als unvollkommen, unerfüllt, arm, klein, ohnmächtig, leer.

Die Grundgegebenheit des Urverlustes wird in zwei Hauptgefühlen, auf die sich alle anderen Gefühle zurückführen lassen, gefühlt:

- Gefühle eines Mangels an Liebe (hierher gehören die Trennungsängste, die Gefühle von Verlassenheit, von Selbstablehnung, von Gefühlskälte);
- Gefühle eines Mangels an Macht im Sinne des Machenkönnens (hierher gehören die Gefühle von Ohnmacht, denen wir in der Kindheit ausgesetzt sind, von Unwichtigkeit, Bedeutungslosigkeit, von Sinnlosigkeit und Gleichgültigkeit überhaupt).

Ein guter Teil des Heilungsprozesses besteht darin, diese Gefühle als »vorläufige« Gefühle zu erkennen und den Urschmerz der Trennung von der göttlichen Einheit zuzulassen, so daß uns die Ursehnsucht nach Wiedervereinigung im Leben führen kann. B.A. Brennan betont immer wieder, daß die Sehnsucht ein sehr wichtiges Motiv in Heilungsprozessen ist, wobei die Sehnsucht sich in sehr vielfältiger Form zeigen kann und keineswegs immer grandiose Ziele anstrebt, wie etwa einen Achttausender zu besteigen. Auch das Bepflanzen eines Gartens, das Zeugen, Empfangen, Gebären eines Kindes, das Erleben sexueller Erfüllung, das Gestalten schöner Gegenstände oder die Beschäftigung mit Erkenntnis jeder Art kann jene tiefe Zufriedenheit vermitteln, wie sie keine Befriedigung noch so dringender Triebe und heftiger Wünsche vermag. Um Zufriedenheit, Glück,

Harmonie und andere Ziele der Menschheit zu erlangen, ist es wichtig zu verstehen, daß es der verschiedenen Gefühlsdurchgänge bedarf, um sich sozusagen aus den schwarzen Löchern des Nichts in die Fülle des Alles und Eins hochzuarbeiten. Diese Arbeit ist nicht Arbeit im gewöhnlichen Sinn, in dem Glück beispielsweise durch Fleiß erlangt werden könne, sondern eine Arbeit der Bewußtwerdung. Der Prozeß der Bewußtwerdung führt durch die Wechselbäder der gemischten Gefühle hindurch, und nur wer beharrlich bleibt, gelangt schließlich ans Ziel. Gefühle sind dabei wie Transportmittel: Mit ihrer Hilfe bewegen wir uns weiter – auch weiter fort in unserer spirituellen Entwicklung.

5. Die Kategorien
der Gefühle

Vergegenwärtigen wir uns die Komplexität des Begriffes Gefühl, indem wir, was Phänomenologen gerne tun, vom alltäglichen Sprachgebrauch ausgehen. Dieser faßt die verschiedensten psychischen Phänomene unter einem Wort zusammen, das ursprünglich eng verwandt ist mit einer primären Körperwahrnehmung, die über den Tastsinn erfolgt. Das Fühlen ist gleich einem sinnlichen Ertasten noch vor jeder gedanklichen Verarbeitung. »Wer nicht hören kann, muß fühlen.« Das heißt nichts anderes als »Was man nicht im Kopf hat, muß man in den Beinen haben« etc. Sicher gibt es noch zahlreiche weitere Redewendungen in der Art, die nur in anderer Ausdrucksform eine Alltagserfahrung belegen: Durch Erfahrung klug geworden, kann man sich einige Neuerfahrung ersparen, indem man alte Erfahrungen verarbeitet und so aus ihnen lernt. Aber es ist ein langer Weg, bis der fertige Gedanke im Bewußtsein die Lernerfahrung widerspiegelt und aufbewahrt. Gefühle begleiten uns auf dem Weg zum Gedanken, Gefühle gehen also den Gedanken voraus. Gefühle können umgekehrt auch durch Nachdenken entstehen und sich nachträglich einstellen. (Trauer, Rachegefühle, etc.) Gefühle leiten sich entweder ab aus der sinnlichen Wahrnehmung oder der mentalen Verarbeitung früher empfangener Informationen. Im Idealfall vereinigen sie beide Informationsquellen, um der objektiven Wirklichkeit am nächsten zu kommen. Selbst die Körpergefühle, die sich darauf beschränken, den Zustand des Körpers aufzunehmen und zu verarbeiten, sind schon geprägt von vorausgegangenen leib-seelischen Prozessen, die sich ähnlich wie die autonom vegetativen Zustände im Organismus selbst organisieren und für gewöhnlich dem Bewußtsein nicht zugänglich sind. Außer ich frage mich ganz bewußt, konzentriert und fokussiert: Wie fühlt sich das eigentlich an? Wie fühle ich mich eigentlich dabei? Was ist das für ein Gefühl? (Woher kenne ich es?) Dies setzt ein gewisses Innehalten im Trott der Gewohnheiten und automatisierten Handlungen voraus; Muse, und wer hat sie schon? Wer nimmt sich schon die Zeit, nachzufragen, in sich hineinzuhorchen, nach innen zu gehen, Kontakt mit sich selbst aufzunehmen? Und es bedarf einer außerordentlichen Anstrengung, nicht aus der ersten Phase des Selbstbezuges gleich zu schließen: Ich fühle, daß ... oder: Ich habe das Gefühl, daß ... – was einer unmittelbaren und deshalb sehr subjektiven Beurteilung oder Meinungsbildung gleichkäme –, sondern ein wenig länger bei meiner Subjektivität zu verbleiben, sie ein wenig in sich arbeiten zu lassen und weitere mir verfügbare Informationen in den Verarbeitungsprozeß einfließen zu lassen. Auch bestimmte Programme der Verarbeitung, die ich nicht selbst ausgearbeitet habe, sondern die traditionelle Programme der Lebensbewältigung darstellen und die ich innerhalb meines kulturellen und sozialen Kontextes, also in der Familie, in der Schule, in der Kirche etc. gelernt habe, können in den Prozeß der Verarbeitung aufgenommen werden. Auf diese Weise ist das Resultat eine Meinungsbildung, die sich von der reinen Subjektivität entfernt hat und Anspruch hat auf mehr Objektivität. Gefühle können also gelernt und deswegen – was vor allem im therapeutischen Kontext wichtig wird –»umgeschult« werden.

Ich möchte drei Kategorien der Gefühle aufstellen:
1. Körpergefühle
2. Emotionen
3. gedachte Gefühle, gefühlte Gedanken oder auch subjektive Gedanken

1. Körpergefühle sind solche Gefühle, die sehr nahe am Prozeß und an der Aktivität des Fühlens selbst, der Wahrnehmung sind. Dabei bezieht sich das Fühlen auf die Außenwahrnehmung und die Innenwahrnehmung.

Die Innenwahrnehmung vollzieht sich meist noch mehr als die Außenwahrnehmung völlig unbewußt und beeinflußt den Menschen unmittelbar. Er ist immer beiden Arten der Wahrnehmung ausgesetzt, ob er will oder nicht. Ähnlich wie die unwillkürlichen Muskeln führen sie ein Eigenleben jenseits bewußter und willentlicher Beeinflussung. Sie sind einfach da. Ich kann sie wahrhaben, wahrnehmen oder nicht. Wenn ich mich von meiner Erfahrung so dissoziiere, daß ich gar nichts mehr wahrnehme, dann entsteht eine besondere Art von Zustand, der mit umgangssprachlichen Redewendungen umschrieben wird wie: »Neben sich stehen« oder »Weg vom Fenster«, »Filmriß«, »Blackout«. Es ist ein Zustand, der einer totalen Anästhesie entspricht, und danach wird oft von Trance-Erfahrungen berichtet. Es kann auch eine partielle Anästhesie erfolgen: Ich nehme zwar wahr, was um mich herum geschieht, aber nicht, was mit mir geschieht – ich fühle zum Beispiel den Schmerz nicht, der mir zugefügt wird. Dies ist eine leichtere Form von Trance, in der sich der Körper nur zum Teil dissoziiert: Manche Wahrnehmungsfunktionen wie etwa das Sehen bleiben erhalten, andere, wie etwa der Tastsinn, sind ausgeschaltet. Ich kann mich dann an Erinnerungsfetzen halten, um das Geschehene im Bewußtsein zu rekonstruieren. Verzerrte Wahrnehmung kann durch Dissoziation und Abschalten der Sinnesfunktionen (aller oder nur mancher) oder durch Fehlfunktion der Wahrnehmungsorgane selbst zustande kommen. Es flirrt mir beispielsweise vor den Augen, deshalb kann ich nicht richtig sehen. Fehlfunktionen dieser Art können allerdings nicht nur körperliche Gründe haben, wie etwa flirrende Hitze,

Genuß von Drogen etc., sondern auch innerliche, wie etwa die Aufregung, die mir zu Kopf steigt, mich vernebelt. Das Wahrnehmen einer Erfahrung beginnt außen und arbeitet sich vor in den Raum des Innenlebens, der durch die Innenwahrnehmung erreicht werden kann. Hier werden Gefühle gefühlt, die mit dem Grad des Zulassens (oder auch Loslassens und Seinlassens etwa in der Meditation) zusammenhängen. Lust und Unlust, Schmerz und Freude können in verschiedenen Abstufungen erlebt werden und bilden somit Körperzustände, die sich am besten mit Aggregatszuständen vergleichen lassen. Es sind dies beispielsweise Zustände von mehr oder weniger Spannung/Eregung/energetischer Ladung, die zwischen den Extremen von äußerstem Aufgewühltsein und totaler Bewegungslosigkeit schwanken können. Zwei andere Extreme sind die äußerster Berührbarkeit bis hin zur Nervenüberreizung und eine Unberührbarkeit, die an Gefühlskälte grenzt. Diese Körpergefühle geben Aufschluß darüber, nicht was, sondern wie ich etwas erlebe. Ob es mir nahegeht oder ob es mich kaltläßt, mich juckt, kratzt, heiß macht oder mich nichts angeht, mich nicht trifft und betrifft. Diese Gefühle sind für die Erlebnisqualität der Erfahrung verantwortlich: ob ich mich betroffen, gemeint, berührt, angesprochen, erregt, begeistert, ergriffen, entsetzt fühle oder nicht. Und in welchem Maße. Wie groß ist die Intensität? Wie stark sind die Gefühle? Die Qualität von Intensität zum Beispiel schafft erst jene Verbindlichkeit, die eine Erfahrung zu meiner Erfahrung werden läßt. Enthusiasmus ist ein Körpergefühl. Auch Besessenheit spielt sich auf dieser Ebene ab: Der Körperinnenraum wird so erfüllt mit emotionaler Ladung, daß Außenwahrnehmung wie Aufarbeitung der Informationen durch das Ich ausgeschaltet sind.
Der eindimensionalen und dualistisch gepolten Klassifikation der Gefühle nach Lust und Unlust, Gut und Böse, Tu-

gend und Sünde setzte erst Ende des letzten Jahrhunderts W. Wundt in seinem Grundriß der Psychologie eine mehrdimensionale Klassifikation von Erregung und Beruhigung entgegen. C. Stumpf unterschied bei den Körpergefühlen diejenigen, die er Empfindungsgefühle nannte und zu denen er etwa Hunger und Durst rechnete, von denen der Leib- und Lebensgefühle wie Behaglichkeit, Müdigkeit, Gefühl der Gesundheit etc. (vgl. *Gefühl und Gefühlsempfindung*, 1928). G. Ryle, der über eine Untersuchung der Logik des alltäglichen Sprachgebrauchs zu einer Abgrenzung der Gefühle zu gelangen versucht, läßt Gefühle nur als Körpergefühle beziehungsweise als konkrete innere Ereignisse zu. Hierher gehört das Zittern vor Angst, das Prickeln der freudigen Erwartung, der Biß des Gewissens, das Brennen der Reue, das Schütteln vor Ekel etc. (vgl. *Der Begriff des Geistes*, 1969). Ebenso kann man viele Neuschöpfungen dieser Art auch in einer auf Ausrufe hin verkürzten Kindersprache, wie sie in den Gefühlskürzeln der Comic-Strips Ausdruck gefunden haben (Uff!, Ächz!, Schluck!, Schmatz! etc.), beobachten.

Wenn wir dem tiefenpsychologischen Modell folgen wollen, welches das Ich zwischen Über-Ich und Unbewußtem sieht, und davon ausgehen, daß erste Rückmeldungen über Vorgänge im Unbewußten an das Bewußtsein mittels von Körpergefühlen gegeben werden, dann sind Körpergefühle erste Ausdrucksformen innerhalb eines Verarbeitungsprozesses, der von unbewußter Rezeption zu bewußter Aktion als Reaktion auf Stimuli führt: Sinneswahrnehmungen werden in Körpergefühlen verarbeitet und geben dem Bewußtsein erste Anhaltspunkte »was läuft«, »was los ist«.

Körpergefühle informieren uns über das, was auf der Es-Ebene des Unbewußten geschieht. Deshalb erhalten Körpergefühle im therapeutischen Kontext eine besondere Bedeutung. In der Philosophie hingegen blieben sie – im

Gegensatz zu den Sinneswahrnehmungen, der rezeptiven Aufnahme von Informationen über die Außenwelt – lange unentdeckt. Aristoteles erwähnt zwar in seiner Schrift *Über die Seele* die Sinneswahrnehmungen, die er einer eingehenden Untersuchung unterzieht, aber mit keinem Wort die Gefühle an sich. Am Anfang der neuzeitlichen Gefühlstheorie wurde dieser offensichtliche Mangel durch die Unterscheidung zwischen Empfindung und Gefühl erklärt, wobei Kant dazu eine klassische Formulierung lieferte: Empfindung versteht er als »die objektive Vorstellung der Sinne«, die er als (objektive, nicht subjektiv beeinflußte) Wahrnehmung eines Gegenstands (also Objekts) dem Erkenntnisvermögen zurechnet. Unter Gefühl versteht Kant dagegen den Anteil an dem Geschehen der Wahr-Nehmung, der jederzeit bloß subjektiv vor sich gehe und subjektiv bleibe (also nicht objektiviert wird) und schlechterdings nichts zur (objektiven) Vorstellung eines Gegenstandes beitrage (vgl. *Kritik der Urteilskraft*). Subjektivität hört sich hier sehr nach illusionärem Einzelgängertum, nach Wahn-Sinn an, insofern der Sinn nicht aus der Objektivität (beziehungsweise dem kollektivem Konsensus, was objektiv sei), sondern aus der subjektiven Wahrnehmung erwächst. Spätere Psychologen wie Th. Lipps (vgl. *Das Selbstgefühl. Empfindung und Gefühl*, 1901) haben diese Unterscheidung von objektivierten Empfindungen und subjektiven Gefühlen für die fundamentalste in der Psychologie gehalten. Unter Empfindung verstehen sie – und nicht nur sie, sondern die ganze Schule des Empirismus – die Wahrnehmung der äußeren Welt durch die Sinnesorgane. Eine Störung der Sinne selbst führt also zu einem gestörten Weltbild, während ein gestörtes Weltbild sich einfach auf die Verstörung der Sinne zurückführen läßt – dabei werden die Beziehungsmuster, die im Verarbeitungsprozeß wirksam werden können, völlig außer acht gelassen.

Unter Gefühl versteht man hier die Gewahrwerdung der emotionalen Zustände und die Bewegungen des Subjekts. Wie diese Subjektivität organisiert ist, beziehungsweise wie sie sich selbst organisiert, darüber ist bis zum Zeitalter der Kynbernetik und eines kybernetischen Verständnisses selbstregulierender Prozesse in lebendigen Systemen nichts bekannt. Insofern muß die Psychologie vor der Kenntnis kybernetischer Zusammenhänge ganz auf Einsicht und Einwirkung betreffend der leib-seelisch-geistigen Einheit verzichten. Eigentlich erst mit dem Einbeziehen kybernetischer Gesetze, wie denen der Regelkreise programmierter Konditionierungen und der Möglichkeit der Musterveränderung als therapeutischer Intervention – wie dies etwa im Neurolinguistischem Programmieren (NLP) der Fall ist –, wird Körpergefühlen die Bedeutung zugemessen, die sie unter anderem in diesem Buch und in den hier angebotenen Übungen haben werden.

Unter den Körpergefühlen sind Gefühle von Lust und Unlust, von Schmerz und Erregung, sogar von Interesse und Desinteresse, also Anregung und Lähmung, Lebendigkeit und dem Gefühl, nicht wirklich zu leben oder am Leben teilzuhaben, zu verzeichnen. Sie alle lassen sich weiter zurückführen auf ein unmittelbares Körpererleben der Stärke oder Schwäche, Hitze oder Kälte, Süße oder Bitterkeit, Fülle oder Leere, Weichheit oder Härte, Verdunklung oder Erhellung, Beschleunigung oder Trägheit, Antrieb oder Hemmung, Leichtigkeit oder Schwere, Offenheit oder Dichte, Klärung oder Trübung, Erfrischung oder Abstumpfung, einer fließenden oder gestauten Qualität, die die Lebensenergie und damit »den Lauf der Dinge« beeinflußt. Alle Gefühle lassen sich auf solche körperlich erlebten Gefühlsmomente zurückführen, ohne daß diese Körperphänomene allein das ganze Gefühl ausmachen würden. Bei Beginn eines introspektiven Vorgehens in der

Therapie, bei dem durch Innenschau jene Körpergefühle abgefragt werden, ist es für Ungeübte zunächst äußerst schwierig und auch befremdlich, solche Befindlichkeiten im Körperinnenraum wahrzunehmen. Schon die Beobachtung des eigenen Atemflusses ist nicht für jeden selbstverständlich. Um so mehr bereitet die Aufforderung, den Körperzustand etwa als hell oder dunkel, klar oder trübe wahrzunehmen, Schwierigkeiten. Ebenso bedarf das Hinhören auf innere Stimmen oder das Horchen auf den Organismus, auf die Organe selbst, einiger Übung und Vertrautheit. Doch haben wir in der Therapie erfahren, wie heilend dieses Vorgehen auf der Ebene des körperlichen Erlebens ist.

Natürlich sind die Phänomene körperlichen Erlebens nur ein Teil des Gefühls, nur eine Seite des Gefühlserlebens. Dieselben Gefühle können von verschiedenen Menschen verschieden erlebt werden. Und dies ist für uns insofern wichtig, als in diesem Buch Gefühle nicht nach ihrer Begrifflichkeit, sondern nach ihrer Stimmung und Färbung vorgestellt werden sollen. So finden auch Gefühle, die ambivalent erlebt werden können, wie etwa der Lustschmerz, ihren Platz, da es nicht um eine strenge Zuordnung zu Gefühlskategorien, sondern um das Einfühlen und Mitgehen in bestimmte Prozesse und Schwingungsmuster gehen wird.

In diesem Buch werden Gefühle als komplexe Verhaltensmuster, als Haltungs- und Bewegungsformeln in Gestalt der Gottheiten vorgestellt werden. Wir werden es also mit Persönlichkeiten zu tun haben, die ganz verschiedene Gefühlstendenzen in ihrer jeweiligen Person vereinen. Die Persönlichkeit ist als eine sehr komplexe Gestalt präsentiert, wobei das Kennenlernen dieser Gestalt einen Zugang zu komplexen Mustern der Erfahrung (auf der körperlich-sinnlichen Ebene), der emotionalen Verarbeitung (auf der seelischen Ebene) und der Integration (auf der geistigen und der Handlungs-Ebene) ermöglichen. Das Wahrnehmen ebenso wie das Ausdrücken komplexer Gestalten löst das verengte eindimensionale Schmalspurdenken auf und führt zu größerem inneren Reichtum.

2. Nun kommen wir zu den Gefühlen, die als die eigentlichen, die klassischen Gefühle bezeichnet werden. Es sind diejenigen Gefühle, die mit dem Fremdwort Emotion beschrieben werden und entsprechend ihrer Übersetzung aus dem Lateinischen (emovere = herausbewegen, auslösen, aufwühlen) eine bestimmte Dynamik beinhalten. Sie werden weniger passiv erlitten, sondern eher als Geschehen, als eine Aktivität erlebt. Daß diese Aktivität durchaus fremdbestimmt sein kann, zeigt uns der Extremfall einer emotionalen Obsession, einer Besessenheit. Das lateinische Wort »perturbationes« spiegelt sehr schön den dynamischen Charakter der Emotionen wieder – ich muß an den Turbo-Effekt denken, der eine Maschine mit Düsenantrieb zu rasanter Beschleunigung bringt. Bei den Emotionen geht es um Prozesse, die sich in unserem Unbewußten abspielen und uns mit einem oft irrationalen Impuls überraschen. Im Deutschen hat man früher von Gemütsbewegungen gesprochen, wobei die Assoziation zu den Gemütserkrankungen naheliegt, da die ersten Beschreibungen der Gemütsbewegungen aus der Pathologie kamen. So gab es Bewegungen, die nach unten zogen, schwer werden ließen durch Schwermut (Melancholie). Und es gab Bewegungen, die nach oben drängten, leicht machten und abheben ließen in lebensunverträglichen Leichtsinn (Euphorie). Schließlich gab es das ganz normale Auf und Ab (»Heute noch auf hohen Rossen, morgen durch die Brust geschossen«), aber auch das krankhafte Hin- und Herpendeln zwischen den Extremen von Niedergeschlagenheit und Über-

erregung (zyklothymes Wechseln zwischen Depression und Manie). Wir haben es hier also mit Gefühlsbewegungen, Emotionen, zu tun, die zwischen Gefühlspolen oder Gefühlsextremen hin- und herpendeln können, sich steigern oder abbauen, aufbauen oder entladen können, wobei letztere Prozesse mit einer Dynamik zusammenhängen, die sich auf einer für das Bewußtsein schwer einsehbaren Ebene abspielen. Das klassische Denken unserer Kultur betrachtete die Emotionen bislang unter dem Aspekt ihres Inhalts und bezeichnete sie dann abstrakt als Liebe, Haß, Zorn, Mitleid etc. Bestimmte Gefühle zu haben war richtig. Andere Gefühle waren unerwünscht, da sie mit dem Sittenkodex der Gesellschaft nicht übereinstimmten. So war es ehrenrührig für einen Mann, weich zu werden, Angst zu empfinden und vor allem nach diesem Gefühl zu handeln. Das wurde als Schwäche ausgelegt, und so ein Mann war nur ein halber Mann. Das Mannsein mußte also durch bestimmte Gefühle bewiesen werden, die sich in bestimmten Handlungen und Verhaltensformen äußerten. Frauen hingegen wurde zwar eine gewisse Emotionalität zugestanden, sie wiederum durften jedoch keine Gefühlskälte zeigen, da diese ihnen zum Vorwurf der Frigidität gereichte. Bestimmte Emotionen waren also – und sind es bis heute noch – genormt, das heißt, sie entsprechen bestimmten kollektiv verankerten Vorstellungen, wie man oder frau zu sein hat. Bei Verfehlung dieses emotionalen Plansolls wird die oder der Betreffende geächtet, indem ihm oder ihr eine kollektiv nicht erwünschte Körperbefindlichkeit, also etwa Schwäche, Weichheit, Unattraktivität etc., angelastet wird, auch wenn der Körper der oder des Betroffenen eine ganz andere Sprache spricht. Es sind weniger die Gefühlsbewegungen selbst, die in ihrem Verlauf beobachtet werden. Im Vordergrund steht mehr die Vorstellung des Gefühls, die Idee davon, das Wissen, wohin dieses oder ein ähnliches

Gefühl geführt hat. Diese Einstellung, die zu einer Fixierung emotionalen Verhaltens geführt hat, verhindert bis heute ein vorurteilsloses offenes Umgehen mit der emotionalen Dynamik. Wir tun uns schwer zu entspannen, loszulassen, einzuschwingen, mitzugehen, uns gehenzulassen, loszulassen von unseren fixen Ideen, uns sein zu lassen. Auch hier lernen wir vom Osten, die Beobachtung der Gefühlsbewegungen in ihrem Auf und Ab zu kultivieren und sie nicht mehr so ernst zu nehmen, so absolut zu setzen. Damit ist der Emotionalität ein wenig die Schärfe und Bedrohlichkeit genommen, die Emotionen sind relativiert. Emotionen waren ja deshalb so beängstigend, weil sie in ihrer Dynamik nicht berechenbar waren. Sie hatten zu allem Überdruß auch noch die Eigenschaft, in ihr Gegenteil umzuschlagen, so daß aus enttäuschter Liebe erbitterter Haß werden konnte und auf der anderen Seite ein ablehnendes Nein nie ganz für voll genommen werden konnte, da man gerade im Spiel der geschlechtlichen Beziehung nicht wußte, was frau mit einem Nein meinte. Auch dieses Problem der Verwirrung in Hinblick sogenannter eindeutiger Äußerungen, die jedoch zweideutig ankommen, ist heute keineswegs gelöst. Im Spiel der Anspielungen sind wir mehr oder minder hilflos einer emotionalen Dynamik ausgesetzt, die wir nicht überblicken und berechnen können. Das allerdings macht bekanntermaßen auch den Reiz und den Zauber der Emotionalität aus.

In diesem Buch werden Sie in den Gottheiten schillernde Persönlichkeiten vorfinden, deren emotionale Dynamik wir insofern als Ganzheit überblicken lernen, als wir uns auf sie einlassen. Indem wir sie austanzen, wissen wir, wohin sie führt. Dabei ist es natürlich auch unsere ganz persönliche Art, wie wir mit bestimmten Gefühlen umgehen, welche Dynamik sie in unserem Organismus und in unserem seelischen Innenleben entwickeln. So kommen wir, buchstäblich, den Emotionen auf die Spur. Das Zulassen emotionaler Dynamik verändert auch unsere Wahrnehmung, unser Denken: Nichts ist für immer festgelegt, alles fließt. Das macht innerlich offener, weiter, flexibler und gibt uns das Lebensgefühl zurück, selbst im Fluß zu sein.

3. Die letzte Kategorie beschäftigt sich mit Gefühlen, die eigentlich mehr Gedanken als Gefühle sind und oft unüberprüft übernommen werden. Hierher gehören zum Beispiel Vorurteile, die angeblich gefühlt und nicht gedacht werden und sich damit zunächst jeder vernünftigen Überprüfung auf den tatsächlichen Sachverhalt entziehen. Oft kommen solche Gefühlsgedanken oder Gedankengefühle aus der kollektiven Erinnerung, die innerhalb kultureller und religiöser Traditionen aufbewahrt und weitergegeben werden. Interessant ist in diesem Zusammenhang, daß Plato ein Gefühl aufführt, das wir als Familienfluch bezeichnen würden, und das er »mania« nennt. Mania ist eine Gedankenform, die sich von Generation zu Generation überträgt und in der Tragödie nur auf den rechten Zeitpunkt wartet, um in ihrer vollen Gestalt in Aktion und somit ins Bewußtsein zu treten. Sie entfaltet sich dann zu der Manie, als die wir sie kennen und besetzt mit ihrer obsessiven, zwanghaften Dynamik den Geist des Menschen, der dann an nichts anderes mehr denken kann. Der Geist wird überschwemmt von Gedankenformen und ist nicht mehr frei. Der Mensch ist nicht mehr er selbst. Das Denken, das sich in ständiger Selbstreflexion seiner selbst gewahr wird und so ständig neu ein Gefühl der Identität hervorbringt, ist gehemmt. Die Folge ist Selbstverlust, Verlust der Identität.

In diese letzte Gefühlskategorie gehören also jene Gefühle der Sinnlosigkeit, der Entfremdung, der Ungeborenheit und Verzweiflung, die wir im vorhergehenden Kapitel am Beispiel der Existenzphilosophie kennengelernt haben. Aber diese Gefühle müssen nicht immer nur negativ sein. Hierher gehören auch die Gefühle der Frömmigkeit (Schleiermacher), der Seligkeit, der Gnadenfülle, und darüber hinaus gibt es zahlreiche Gefühle, die durchaus ihren Sinn haben und, neu überdacht, auch in den Gefühlshaushalt des modernen aufgeklärten, selbstverantwortlichen und bewußten Menschen aufgenommen werden können. Sie können zu eben jenen platonischen Leitsternen werden, die dann als Ideale wirksam werden. Ideale, die mit Gefühl erfüllt, mit Energie aufgeladen sind, bewirken bekanntlich mehr als abstrakte Vorstellungen, die den Menschen mit ihrem ethischen Anspruch überfordern. Ideale, die ihren Ursprung im Gefühl haben, müssen jedoch überdacht werden, da sie leicht zu Mißbrauch führen. Sie können, wie die Geschichte der modernen totalitären Ideologien zeigt, im Zuge einer demagogischen Politik zur Fremdbestimmung des einzelnen eingesetzt werden. Dies gilt beispielsweise für Tugenden wie das vielzitierte Ehrgefühl, Pflichtgefühl, den Helden- und Todesmut. Nun sind wir also bei der Gruppe von Gefühlen angelangt, die den höchsten Anteil an vorhergehender Reflexion haben, wobei mit Reflexion hier nicht unbedingt die fernöstliche Einsicht in das Wesen des Bewußtseins oder des Geistes an sich gemeint sein muß. Es kann sich auch um ein themenspezifisches und fixiertes, manchmal auch verbohrtes Nachdenken darüber, wie eine bestimmte Wahrnehmung, ein bestimmtes Körpergefühl, eine bestimmte Gefühlsregung »richtig« interpretiert wird, handeln. Die Fixierung geschieht durch das Ernstnehmen und Absolutsetzen eines Inhaltes, der im Bewußtsein gehalten, festgehalten wird und so zum Bewußtseinsinhalt wird. Dazu gehören die berühmt-berüchtigten Gefühle wie Eifersucht und Neid, die von Hellsichtigen als Gedankenformen, ja sogar als auf

feinstofflicher Ebene materialisierte Gestalten wahrgenommen werden können. Diese Gedankenformen werden
von Geistheilern und Wissenden als unerlöst eingeschätzt.
Eine Auflösung ihrer verfestigten Form geschieht durch
Rückführung der gebundenen Energie in den großen Strom
des Lebensschwungs. So geht Erlösung vor sich.

Bei den im Buch vorgestellten Gefühlsfarben und Gottheiten können wir manchmal in Kontakt kommen mit solchen unerlösten Gedankenformen. Ob diese unsere ganz
eigenen oder die unserer Kultur, einer fremden Kultur, der
Menschheit überhaupt sind, spielt eine untergeordnete
Rolle. Im Vordergrund steht die Auflösung der »idee fix« als
erstarrte Gedankenform, die Befreiung von einem Bewußtseinsinhalt, der nutzlos bedrückte, einengte und Lebensenergie verbrauchte. Im Vordergrund steht vor allem das
Freiwerden von Energie – ein guter Teil des euphorisie-
renden Kräftezuwachses, der immer wieder im Trancetanz
erfahren wird, mag darauf zurückzuführen sein.

Gleichzeitig ist es ein schrittweises Sich-Auswickeln aus
der Unfreiheit heraus, in eine erlösende Entwicklung hinein.

6. Wege, Kräfte und Gefühle – Der Tanz der Transformation

Wie kann sich also eine solche erlösende Entwicklung, die den Gefühlen gerecht wird, ohne sich von ihnen lenken und leiten zu lassen, gestalten? Wie können wir klug mit unseren Gefühlen umgehen? Wenn wir sie verdrängen, verlieren wir an Lebendigkeit, wenn wir ihnen bedingungslos nachgeben, verlieren wir uns selbst.

Formen der afro-amerikanischen Religionen boten sich mir als interessante Alternativen zu einer westlichen Verdrängungspolitik an ebenso wie zu der häufigen Überbetonung der Gefühle in der Psychotherapie. In den afro-brasilianischen Traditionen mit ihren verschiedenen Riten und Kulten, die ich kennengelernt habe, beherrscht der Trancetanz die Szene, auf der sich Heilung und Erlösung vollzieht. Für den westlichen Besucher mag es sich zunächst befremdlich ausnehmen, daß sich der Gottesdienst in einem wilden Tanz ausdrückt. Aber bald kann sich die implizite Ordnung zeigen, wenn der Tanz nicht nur als Vergnügen oder Schauspiel, sondern als ein Prozeß mit einer ganz bestimmten Psycho-Logik verstanden, angesehen, anerkannt und vor allem am eigenen Leib miterlebt wird.

Im Trancetanz offenbart sich eine Fülle von Informationen, ein Wissen, das im Körper selbst gespeichert ist, eine Weisheit des Organismus, die sich selbst organisierend immer wieder neu herstellt. Im getanzten Ausdruck offenbart sich etwas, was bislang verborgen blieb, weil es nicht bewußt wurde. Durch das Tanzen in Trance kann sich etwas zeigen, was sich dem Bewußtsein bislang entzogen hatte. Der Ausdruck der Gefühle ist der beste Beweis dafür, daß Gefühle keine Dinge, sondern Prozesse sind, denn der getanzte Gefühlsausdruck ist flüchtig, nicht greifbar, nicht dingfest zu machen, sondern veränderlich, wechselhaft. Man muß mit den Gefühlen mittanzen, um zu verstehen, um was es geht. Man muß sich mitbewegen, selbst bewegt werden, um den Weg vor sich zu sehen.

Die eingeweihten Zuschauer des Trancetanzes innerhalb eines Gottesdienstes sehen die Götter herabsteigen und sich in der Gestalt des Tänzers offenbaren. Sie erkennen die Götter an ihren Gefühlen wieder. Andere, westliche Zuschauer sind zunächst nur von der kraftvollen Ausstrahlung der Tänzer beeindruckt. Sie nehmen das ungeheure Potential der Kräfte wahr, die durch die Trance freigesetzt werden. Und allein dieses Erlebnis schon ist bewegend, erschütternd, und reißt mit. Der Zuschauer befindet sich mitten in einem Prozeß, während er sich noch unbeteiligt und als objektiver Beobachter wähnt. Er ist verzaubert, verhext, besessen.

Ein Psychiater, der sich für Trance interessierte, kam einmal zu mir und sagte: »Bitte machen Sie etwas mit mir, damit ich über genauso viel Kraft verfüge wie meine Patienten.« Damals unterrichtete ich noch Tanz und insbesondere Trancetanz und war mit den unglaublichen Wirkungen, dem verblüffenden Zuwachs von Kräften durch Trance durchaus vertraut. Es verwunderte mich nicht, daß der wohlmeinende Psychiater von seinen psychotischen Patienten durch den Raum gewirbelt wurde, wenn es dazu kam, daß er von der kognitiv-sprachlichen Ebene auf die der non-verbalen Kommunikation überwechselte. Nach einigen solchen Zwischenfällen war er jedoch immer weniger geneigt, sich auf solche Abenteuer einzulassen, denn er hatte die Übermacht seiner Patienten am eigenen Leibe erlebt. In jenen nicht-alltäglichen und uns wenig vertrauten Bewußtseinszuständen, die wir unter dem Begriff Trance zusammenfassen, wird nämlich ein gewaltiges Kraftpotential im Menschen zur Verfügung gestellt und freigesetzt. Ich erzählte ihm zu seiner Beruhigung und Ermutigung den Fall einer 65jährigen, durch Kinderlähmung von Geburt an behinderten Psychoanalytikerin, die zu mir in die Trancetanzgruppe gekommen war, weil sie »das, was in Italien passiert war« wieder erleben wollte und dachte, es hätte mit Trance zu tun. Straßendiebe hatten sie überfallen und wollten ihr die Handtasche entreißen. Da ihr dies aber in ebendemselben Jahr schon zweimal passiert war, empfand sie einen solchen Ärger, daß sie innerlich sagte: »Diesmal nicht!« Sie fiel zwar hin, aber sie ließ nicht los. Als dann Hilfe kam und die Handtasche in Sicherheit war, fühlte sie einen solchen Triumph, daß sie die Welt hätte umarmen können. Nie im Leben hätte sie gedacht, über solche Kräfte zu verfügen! Ihre eigene Erklärung war, daß sie der Ärger in einen (Gott sei Dank) nicht-alltäglichen Bewußtseinszustand versetzt hätte, der sie gegen jede Vernunft an der Handtasche hängen ließ.

Sicher riskierte sie einiges durch diese Provokation, sich nicht dem Schicksal beziehungsweise den Dieben zu ergeben. Aber es war ihr gar nicht zu Bewußtsein gekommen, welchen Gefahren sie sich aussetzte. Ihr einziges Motiv war Ärger, Wut, ja sogar heiliger Zorn. Und nun, so sagte sie mir und blickte mich erwartungsvoll an, wolle sie mehr von dieser Lebensqualität, die sie anscheinend bisher in ihrem Leben nicht genügend ausgelebt habe.

Auch der Psychiater hatte hohe Erwartungen an mich, denn er glaubte, als Expertin für Trance hätte ich sozusagen die Schlüssel zu den Räumen seiner eigenen unbewußten Kraft. In beiden Fällen mußte ich bekennen, daß »Es« manchmal funktioniert, und manchmal nicht. Ich könne das auch nicht ganz kontrollieren – das sei eben das Ärgerliche aber auch das Wunderbare an der Trance. Sie läßt sich nicht zuverlässig und sicher allezeit benützen. Sie ist sogar sehr unzuverlässig und wenig berechenbar in ihrer Wirkung ... und das, fügte ich jedesmal hinzu, wenn sich mir die Gelegenheit dazu bot, sei eben das Wunderbare daran. Trance läßt sich nicht funktionalisieren.

Wir können es versuchen, wir können in etwa die Auswirkungen unserer Bemühungen abschätzen, aber wir können »Es« nie genau wissen. Die Freiheit, sich zu erlauben, zwar etwas, aber nicht alles zu wissen und dieses Etwas, was gewußt werden kann, nicht überall einsetzen zu müssen, diese Freiheit scheint mir eine unerläßliche Voraussetzung zu sein, wenn ich mich auf den Weg mache, um meine schlummernden Kraftpotentiale zu aktivieren.

Der Weg ist das Ziel, heißt es im Zen-Buddhismus im Zusammenhang mit dem Bogenschießen. Während im westlichen Denken das Ziel der Zweck der Bewegung und die Bewegung ausschließlich zum Zweck des zu erreichenden Zieles eingesetzt wird, also zweckorientiert ist, wird im Zen-Buddhismus eine Haltung des absichtslosen und gelassenen Ausgerichtetseins geübt, indem der Schütze meditativ mit seinem Ziel verschmilzt und es schon im Entwurf seiner Haltung, seines Denkens, seines Seins trifft. In der westlichen Psychologie sind Gefühle jene Motive, die mobil machen. Auch wenn sie keinen rationalen Zweck verfolgen, wirken sie sich als irrationale Beweggründe aus. Gefühle führen, kaum werden sie gefühlt, erst zu einer Einstellung und Haltung, und dann zu deren Konsequenz, die in einer Handlung gipfelt. Wie jeder Krimi-Leser weiß, liefern Gefühle nicht nur hervorragende Motive, sondern verleihen auch die Kraft zur Ausführung von Handlungen, die wie fremdgesteuert und ferngelenkt angepeilt werden, bis das Motiv sein Ziel erreicht hat.

Umgekehrt scheint es sehr schwer zu sein, sich ohne Motiv und zweckorientierte Ausrichtung auf ein Ziel auf den Weg zu machen, so daß Gefühle häufig zur Mobilmachung gebraucht und mißbraucht werden. Die militärische Mobilmachung zum Beispiel zehrt von den Mythen der Heimatliebe, des Ehrgefühls, der Rache, des Stolzes. Um in Bewegung zu geraten, muß der westliche Mensch schon bewegt worden sein, und um sich überhaupt auf den Weg zu machen, muß schon einiges geschehen sein, um den Weg als Weg auszuweisen und einzurichten. Das Gehen im Kreise etwa wird sich wohl kaum als Weg erweisen und auch nicht als sehr motivierend empfunden werden.

Der Vorgriff auf das attraktive Ziel und der Rückgriff auf mobilisierende Motive läßt die Bewegung, ausgespannt zwischen Anfang und Ende, auf eine schmale Spur zusammenschrumpfen. Das Raumgefühl geht verloren, die Zeit tyrannisiert das Erleben mit ihrer chronologischen Reihenfolge des Eins-nach-dem-Anderen. Zuerst kommt das Motiv, das das Ziel ist, dann setzt langsam die Bewegung ein und bahnt den Weg. Wo kein neues Motiv ist, bleibt nichts anderes übrig, als den ausgetretenen Trampelpfaden der Gewohnheiten nachzugehen. Das Bewußtsein hinkt immer hinterher, Motivation und emotionale Mobilisation spricht den Menschen auf unbewußter Ebene an und bedient sich der Gefühle. Deshalb sprechen alle Ideologien, die den Menschen erreichen wollen, die Gefühle an. Aber auch ohne Ideologie und Manipulation hypnotisieren wir uns ständig selbst, wenn wir den Gefühlen mit ihrer suggestiven, geradezu zwingenden Überzeugungskraft die Ausrichtung unseres Handelns überlassen.

In den Gefühlen feiert sich die mobilisierte Lebensenergie, zu der wir scheinbar nur auf diese Weise, über den Umweg der Emotionen, Zugang finden. In den Gefühlen erst fühlen wir uns lebendig, weil sie uns in Kontakt bringen mit unserem Potential. Weil sie uns in Fühlung bringen mit dem Sein. Aber hinter allen Kräften können wir auch die Quelle der einen gemeinsamen Kraft spüren, die durch uns fließt und in verschiedenster Weise sich zeigt. Dies geschieht in der Meditation. Bei allen Gefühlen, so unklar, gemischt und vieldeutig sie auch erscheinen mögen, erleben wir etwas, was uns lebendig fühlen läßt. Da wir jedoch immer von Zweck und Ziel, von Absicht und Sinn, von endgültigem Wert und abgeschlossener Ordnung abhängig sind, fällt es so schwer, einen Anfang zu machen und einfach zu sein, einfach zu fühlen, einfach im offenen Prozeß des Lebens sich gehenzulassen.

Doch nicht allen Menschen liegt der Weg der Selbstbeherrschung, der »Zähmung des Geistes«, wie es in der buddhistischen Meditation genannt wird. Vor allem die unbewegte Meditation in Stille und Ruhe läßt Menschen, die sich vor allem über Bewegung und Handeln und in der Aktivität lebendig erleben, keinen Frieden finden. Für Menschen, dessen kinästhetischer Sinneskanal stark ausgeprägt ist, das heißt, die sich leicht vom Leben selbst angetrieben, fortgerissen, umhergewirbelt fühlen, die ihre Lebendigkeit in aktivem Eingreifen, Machen erleben und sich hilflos und ohnmächtig fühlen, wenn ihnen diese Möglichkeit des kinetischen (bewegten) Selbstausdrucks genommen wird, über den sie Kontrolle ausüben, ist der Tanz der Transformation ein besseres Mittel zur Selbstfindung und Heilung der Gefühle.

Der Tanz der Transformation setzt dort an, wo die Gefühle noch nicht die Qualität drängender Motive erhalten haben und nach Ausdruck verlangen, also reine Bewegung sind, und, noch davor, reine Energie – wirkende Kraft und kräftigende Wirkung. Das Erlebnis von unmittelbar gefühlter, am eigenen Leib teilhaftig gewordener Lebensenergie ist berauschend. Ein solches Erlebnis kann dazu motivieren, sorgsamer mit dem eigenen Potential umzugehen, achtsamer die Kräfte nicht nur zu mobilisieren, sondern auch zu kanalisieren. Der Kontakt mit sich selbst kann zur Selbstreflexion führen, dem Nachdenken über Handlungen bzw. Handlungsimpulse. Aus dem Nachdenken wird ein Vordenken. Da ich mich im Kontakt mit meiner eigenen Energie und Kraft erlebt habe, weiß ich, wohin das führt bzw. führen könnte. Und ich lerne, die wilden Bewegungen von Körper, Seele und Geist zu lenken, indem ich Wege vorzeichne, Bewegungen einübe, die meinem ethischen Bewußtsein entsprechen.

Zunächst ist alles offen und alles in Bewegung. Ich beginne mich zu bewegen und werde zugleich bewegt. Aktive Bewegung und passives Bewegtwerden spielen zusammen und entwickeln eine Eigendynamik, in der das eine vom anderen nicht mehr zu unterscheiden ist. Bin ich der Tanz, den ich tanze, oder tanzt mich der Tanz, den ich tanzen will? Ist der Tanz Gedanke oder Wirklichkeit? Und wo geht das eine in das andere über? Ab wann ist es Tanz, und bis wohin ist alles noch im Kopf? Wo beginnt die Bewegung? Woher kommt die Kraft? Woran merke ich, daß ich etwas fühle? Und wie macht es eine Gefühlsbewegung, meine eigene zu werden? War sie immer schon in mir drin, oder kam sie von außen in mein Bewußtsein hinein? War das Gefühl immer schon da, gleich einem Programm, bereit, abgerufen und ausgelöst zu werden? Oder haben Gefühle ihre eigene Genesis, ihre Geschichtsschreibung? Und wie macht es ein Gefühl, vom innersten Kern seiner Entstehung nach außen, an die Oberfläche der Peripherie zu gelangen, um zu seinem Ausdruck zu finden? – Wege, Kräfte und Gefühle hängen zusammen und beziehen sich aufeinander im Tanz. Kräfte bewegen, Bewegungen zeichnen Wege nach und vor, Gefühle sind Muster und gleichzeitig Motive. Hier und jetzt, mitten in diesem Trubel, in diesem

Zustand der Verwirrung, dem Verlust gewöhnlicher Orientierung und der Auflösung gewohnter Grenzen kann Transformation geschehen. Es ist eine einmalige Chance.

Transformation heißt, daß es mehr als eine Form gibt und ein Weg gefunden wurde, der zumindest zwei, aber manchmal auch viele verschiedene Formen miteinander verbindet. Transformation vollzieht sich auf der Grundlage eines Kontinuums, das all diese Formen durchläuft und gleichzeitig zusammenhält. Transformation heißt nicht, die Formen zu sprengen oder aufzulösen, sie abzuschaffen. Im Tanz der Transformation ergibt sich die Gelegenheit, die Identität leibhaftig zu erweitern, ohne den Leib zu verlieren. Der Übergang von einer Form zur anderen fordert nicht das Ende des tragenden Grundes, des Lebens. Nicht einmal der Tod des Egos ist unbedingt notwendig, da das Ego erstaunt erkennt, wie flexibel es im Grunde ist. Der Tanz der Transformation ist meistens begleitet von Trancezuständen, insofern ein inniger Kontakt mit dem Leib, mit dem Organismus, mit dem Unbewußten erst jene Kontinuität schafft, die Transformation ermöglicht. Diese Kontinuität nennen wir Leben, und das Leben ist eine Kraft, die sich von Form zu Form überträgt, ohne sich zu verlieren oder zu veräußern. Die Kontinuität des Leibes macht ein leibhaftiges Erlebnis möglich, ohne die jeweilige Identität, die zu der erlebten Form und Bewegung gehört, darauf festzulegen. Die Identität selbst begründet sich nicht mehr durch ihre Formen und Inhalte, sondern durch die tieferliegende Kontinuität einer allgegenwärtigen und vielfältig sich manifestierenden Lebensenergie. Im Tanz der Transformation wird, bei gleichzeitiger Wahrung der leibhaftigen Einheit, die Vielfalt der Formen durchschritten bzw. durchtanzt.

Im Tanz der Transformationen haben wir es mit zwei möglichen Ausrichtungen zu tun. Einmal geht es um das

Eintanzen erwünschter Eigenschaften, Gefühle und Zustände, das andere Mal um das Austanzen bedrückender, bedrängender Bewußtseinsinhalte, derer man sich gern entledigen möchte. Natürlich lassen sich die beiden Ausrichtungen nicht fein säuberlich voneinander trennen, da sie sich gegenseitig bedingen. Und dennoch ist die Ausrichtung polarisiert – sie bewegt sich zwischen kathartischer Reinigung und dem Erringen, Vermehren, Bestätigen und Verstärken bestimmter Optimalzustände. Manche traditionellen Tänze gelten nur der Katharsis, wie etwa die Tänze der Trauer und des Schmerzes, andere haben vorrangig den Zweck, zum Beispiel Mut zu machen und die Krieger voller Kraft in den Kampf ziehen zu lassen. In den therapeutischen Tänzen allerdings bedingen sich Ein- und Austanzen, denn wo Freiheit durch Reinigung und Abschied entsteht, bietet sich der Spielraum an, neu besetzt zu werden. Auch umgekehrt werden oft alte Ordnungen und Lebensmuster erst durch neue, bessere so richtig überzeugend und durchgreifend ersetzt. Alte Müdigkeit läßt sich nicht bannen, es sei denn, neuer Lebensmut trifft ein. Alte Verletzungen heilen am besten durch das Ertanzen neuen Selbstvertrauens. Jeder Abschied ist ein Willkommen. Doch auch jedem Willkommen ist ein Hauch von Abschied beigemischt.

Alles hat seine Grenzen, und nur so, innerhalb der Grenzen, kann der Prozeß der Transformation sich verwirklichen. Nur im Körper mit seinen Begrenzungen durch Vergänglichkeit und Tod kann die Wirklichkeit sich verkörpern, und nur im Tanz kann ständiger Wechsel der Zustände, Haltungen und Handlungen sich mit tiefer Kontinuität des Lebendigen verbinden. Nur im Tanz, auf dieser spielerischen Ebene des Als-ob-Tuns, sind Ich und Es in einem freien Dialog daran beteiligt, die bestmögliche aller Welten zu erschaffen. Zwischen fixiertem Eigenwillen und unkontrolliertem Sichgehenlassen vollzieht sich eine Transformation der Kräfte, die später auch im Alltag einen geeigneten Weg der bestmöglichen Umsetzung finden werden. Die Wege werden zu angemessenen Bewegungen führen, zu einem optimalen Verhalten und intelligentem Handeln sowohl von Kopf, Herz als auch vom Bauch heraus. Ich und Es arbeiten zusammen, statt sich zu befeinden und zu sabotieren. Die Gefühle als ursprüngliche Auslöser sind dann Geschichte geworden, oder Tänze. Sie sind nicht mehr und nicht weniger als Abbilder einer seelischen Entwicklung und gehen als kleine Meisterwerke in das Archiv des Selbstbewußtseins ein.

Zweiter Teil

Wie die Götter
im Alltag wirken

Die Erneuerung
der Erde

Wie die Götter im Alltag wirken

Die hier dargestellten zwölf Gottheiten sind, wie gesagt, der brasilianischen Folklore entnommen und stammen ursprünglich aus der Yoruba-Tradition Westafrikas. Ich habe diese Götter ausgewählt, weil sie mir zum ersten sehr vertraut geworden sind, so daß ich glaube, sie gut zu beschreiben, und zum zweiten, weil sie ausnahmslos starke Gefühle aufweisen. Es sind »Gefühlsgötter« – durch Gefühle und gefühlsbedingte Handlungen geben sie sich zu erkennen. Die Besessenheit, die sie auslösen, ist eine emotionale Besessenheit, die im leichten Falle die Form einer Passion annimmt und uns allen wahrscheinlich bekannt ist. Passionen können gut oder schlecht, nützlich oder schädlich, aufbauend oder zerstörend sein. Auch die Gefühle haben immer zwei extreme Pole, zwischen denen sie entweder als gänzlich unerlöst (und damit unbewußt und sich meist negativ auswirkend) oder als erlöst (und damit bewußt, integriert und sich meist positiv auswirkend) gelten können. Es gibt natürlich den Anspruch, vom Unerlösten zur Erlösung, vom Unbewußten zur Bewußtwerdung, von der Besessenheit und Fremdbestimmung zur Freiheit und Eigenverantwortlichkeit, kurz: vom Negativen zum Positiven zu streben, aber diese hierarchische Staffelung zwischen Ganz-schlecht und Sehr-gut ist von meiner Seite nur als Vorschlag und Orientierung angeboten. Es ist eine Einladung, und sie ist keineswegs verbindlich. Es gibt da dieses schöne Sprichwort: »Der Mensch denkt, und Gott lenkt.«

Dies gilt natürlich auch für die Götter. Es gibt Dinge, deren Sinn wir nicht sofort und manchmal auch überhaupt nicht einsehen können.

Der weise Umgang mit Gefühlen beinhaltet im wesentlichen zwei Punkte:

- Wenn wir die »flüssige«, veränderliche Natur der Gefühle berücksichtigen, werden wir sie einerseits nicht als Launen verachten, sie andererseits aber auch nicht als festgeformte Wahrheiten verewigen wollen.
Vor allem werden wir uns nicht mit etwas identifizieren, was so flüchtig, ungreifbar und komplex erscheint. Das Beste, was wir tun können, ist die ungeheure Kraft, die in den Gefühlen gebunden ist, zu genießen und jedesmal wenn uns ein Gefühl ergreift dieses Ereignis als Ausdruck von Lebendigkeit zu feiern. Damit entgehen wir der Falle der Verdinglichung. Denn wer möchte schon aus einem vorübergehenden Zustand, einem Ereignis, einem Prozeß ein Ding machen wollen? Das Feiern der Lebendigkeit unterstützt uns in dem Versuch, uns in dem Strom des Veränderlichen zurechtzufinden und zu beheimaten. Feiern wir also!

- Bei aller Freude über unsere Lebendigkeit sollte es uns jedoch nicht entgehen, daß Gefühle nicht nur einen Strom von Kraft und Energie durch uns lenken, sondern daß sie uns auch einen Strom von Informationen zuführen. Gefühle sind Informationen, Botschaften, Zeichen und Signale aus dem Unbewußten, das ständig damit beschäftigt ist, Reize aller Art zu verarbeiten und sie »auf die Reihe zu bringen«, d.h. sie einzuordnen oder in die schon bestehende Ordnung zu integrieren. Jeder neue Reiz gefährdet dabei die alte Ordnung, die jederzeit umkippen und zusammenbrechen kann. Ständig sind wir, bewußt oder unbewußt, dabei, »uns einen Reim« auf das Leben zu machen. Wir können und wollen nicht einfach leben, sondern müssen ständig Muster bilden, nach denen wir Strukturen aufbauen und unser Gehäuse des Weltbildes zusammenfügen. Gefühle sind wichtige Zubringer von Baumaterial. Wenn wir unsere Gefühle nicht zulassen, fehlt uns der bindende Kleister, der alles zusammenhält. Die Reize stehen vereinzelt im Raum, ebenso wie wir beziehungslos zu anderen Menschen und zu unserer Umwelt im Leben stehen. Achten wir uns also in dieser unserer Fähigkeit, die gleichzeitig auch ein Bedürfnis danach ist, die Welt nicht so zu nehmen, wie sie ist, sondern sie neu zu erschaffen und dabei ständig schöpferisch tätig zu sein!

Gefühle haben also diese beiden Aspekte von Inhalt und Form: Sie sind Informationen, die fließend ineinander übergehen und aufgehoben sind in einem großen Strom von Lebensenergie. Je mehr ich meine Gefühle zulasse, desto lebendiger fühle ich mich. Je mehr ich auf die Gefühle horche, desto mehr orientiere ich mich in dem großen Wabern und Weben des Lebenstextes. Gefühle selbst sind Bewegung: Im Wort »fühlen« steckt das Wort »fahren«, ebenso wie in »Erfahrung«. Gefühle sind Sprit, sind Motor, aber sie sind nicht allein ausschlaggebend bei den Entscheidungen, wie ich mich zu verhalten habe. Hier ist es wichtig, auf die menschliche Fähigkeit der Reflexion hinzuweisen. Zwischen Fühlen und Handeln gibt es einen entscheidenden Unterschied. Ich kann diese Scheidewand zwischen Fühlen und Wollen und der Tat, die diesem Fühlen und Wollen entspricht, immer besser unterscheiden lernen. Ich kann lernen, innezuhalten. Ich kann diese eine Information, die mich drängen will, mich ausschließlich nach ihr allein zu richten, mit allen anderen Informationen, die mir bewußt oder auch unbewußt zur Verfügung stehen, vergleichen. Ich kann zu neuen Einsichten kommen, auf

Grund derer ich neue Entscheidungen treffe. Diesen Prozeß nennt man Reflexion, und er ist eine grundsätzliche Voraussetzung für bewußtes, eigenverantwortliches, erwachsenes Handeln. Je mehr Informationen ich auf dem Weg der erfahrenen Gefühle in mir speichere, desto größer also ist die Bandbreite meiner Vergleichsmöglichkeiten, und desto mehr bin ich vor der Gefahr einer einfältigen Entscheidung geschützt. Reflexion schützt mich vor dem Schmalspurdenken, vor der Tunnelvision, vor Fremdbestimmung und Besessenheit. Natürlich schützt es mich auch vor unbedachten und verantwortungslosen Taten – und natürlich nicht nur mich, sondern auch die Gesellschaft, in der ich lebe. Eine Kultur der Gefühle kommt also allen zugute.

Die Reihenfolge der hier nun aufgelisteten Informationen, welche die Götter und Gefühle betreffen, ist durch meine subjektive Erlebnisweise bedingt.

Zuerst kommt die Farbe. Sie ist wie ein Stichwort, ein Kürzel. Dann kommt eine sprachliche Umschreibung des Gefühlsinhalts, der sich in Form einer Gottheit präsentiert.

Es folgt die Beschreibung von Energiegestalt und Zeichengestalt. Darin habe ich versucht, die Erfahrungen, die ich mit der bildnerischen Umsetzung der Göttergestalten gemacht habe, zu beschreiben. Das Zeichnen wurde dabei als ein Tanz des Stiftes auf dem Papier erlebt und führt weiter zur großen Bewegung in der tänzerischen oder dramatischen Darstellung. Gleichzeitig sind die Beschreibungen der Bewegungsgestalt ebenso wie die Metaphern, in denen sich ihr umgangssprachlicher Gebrauch im Alltag widerspiegelt, ein weiterer Versuch, die Gefühlsgestalt so breitgefächert und facettenreich wie möglich einzukreisen. Die Physiologie ist der körperliche Zustand, die Befindlichkeit, die dem Gefühl am ehesten entspricht. Auch hier habe ich auf meine persönlichen Erfahrungen zurückgegriffen.

In der Ressource spüre ich die geheimen Kräfte und Fähigkeiten auf, die mir das Gefühl vermittelt, wenn ich mich darauf einlasse. Ressourcen können erworbene Fähigkeiten sein, aber auch Begabungen und Geschenke des Unbewußten darstellen. Meist sind es Potentiale, die ungenutzt im Hintergrund auf ihre Entdeckung und Nutzung warten. Nun geht es darum, das außerordentliche Erlebnis des starken Gefühls – wie ich es etwa im Trancetanz oder auch in einer therapeutischen Trance-Sitzung erfahren habe – in die alltägliche Ordnung einzubinden. Diese Einbindung nenne ich Verankerung, denn gleich einem Anker gibt es kleine Zeichen und Hinweise, die ich mir selbst wie einen Knoten ins Taschentuch machen kann, um mich der Ressourcen auch im Alltag zu erinnern.

Für diese Verankerung im Alltag ist eine Verankerung im Körper unerläßlich. In der Ausrichtung betrachte ich den Weg, der mir durch die Gefühlsqualität eröffnet wird. Dieser Weg ist wie ein bestimmtes Muster, das ich anschauen und in der Anschauung ausprobieren kann, um zu erfahren, wohin dieser Weg mich führt. Der Weg bewegt sich zwischen zwei Polen, dem unerlösten Pol und dem Pol der Erlösung. Es liegt nahe, sich an dem Pol der Erlösung als richtungsweisendes Ziel zu orientieren, während der unerlöste Pol meist sofort erkannt wird als etwas, was uns im Alltag ständig entgegentritt. Da tut es gut zu wissen, daß man nicht allein mit diesem Schicksal ist, und man kann sich dann beruhigt auf den Weg der Besserung machen. Die Lebensaufgabe stellt eine Frage, die nicht dazu da ist, theoretisch beantwortet zu werden wie in einem Hausaufsatz. Vielmehr stellen solche Fragen Auslöser dar, durch die ein Suchprozeß in Gang kommt. Im Heilritual wird dann erzählt, was andere Menschen sich haben einfallen lassen, um sich selbst zu heilen und ihrer Ganzheit entgegenzustreben.

Ich habe hier absichtlich auf Übungen verzichtet, denn meine Erfahrungen haben gezeigt, daß Übungen meist überlesen werden. Statt der Übungen biete ich hingegen die Form des Experiments an: Während Sie diese Zeilen lesen, ist Ihr Bewußtsein und Ihr Unbewußtes eifrig am Werk, neue Informationen mit alten zu vergleichen und diese Vergleiche auszuwerten. Vielleicht kommen Sie zu ganz neuen und anderen Schlüssen als denen, die hier im Buche stehen. Je mehr ich von mir selbst schreibe, desto mehr sind Sie angeregt, sich selbst Ihren eigenen Reim auf die Angebote zu machen. Das läßt Sie frei, und mich auch. Ich muß nicht vorgeben, ich wüßte, wie das Experiment ausgeht. Sie selbst wissen am besten, was für Sie stimmt und was nicht. Und es ist immer anregend, mit Unstimmigkeiten konfrontiert zu werden, denn das verleitet dazu, das Konzert der eigenen inneren Stimmen besser wahrzunehmen. Und das macht Stimmung!

BUNT, ZU BUNT
Der halbe Gott mit den vielen Tricks

Unruhe
Verwirrung
Zwiespalt
Störung
Irritation
Interesse

1. Energiegestalt

Diese Energiegestalt steht am Anfang der Gefühlsreihenfolge. So lästig und leidig sie auch sein mag, sie ist nie überflüssig. Denn sie eröffnet erst den Zugang zum Fühlen als bewußten Prozeß der Verarbeitung von Eindrücken. Sie bedient sich bei dieser ihrer Funktion als Türhüter, Schwellenwächter und Pfortendienst der Übertreibung und arbeitet mit den Mitteln der Überreizung. Erst so macht sie auf sich aufmerksam und weist auf die möglichen Wege hin, die jenseits der Schwelle und Pforte weiterführen. Welche Wege das sind und wohin sie führen, weiß sie nicht und muß es auch nicht wissen. Ihre Funktion beläuft sich nur auf das Anmachen und Aufmachen. Sie verkleidet sich als Störung und bringt uns an die Grenzen unserer Belastbarkeit. Trotzdem oder gerade deshalb übermittelt sie eine wichtige Botschaft, nämlich: Hier ist was los! Was es ist, wozu es ist, warum jetzt und wie lange, alles das sind Fragen, die offenbleiben, denn diese Energiegestalt bringt reine Bewegung ins Leben und kümmert sich nicht um Form und Ordnung. Hauptsache, es läuft mal wieder was und der Teufel ist los auf Erden.

2. Zeichengestalt

Um die entsprechende Zeichengestalt entstehen zu lassen, bedarf es, sich in einen Zustand der nervösen Erregtheit zu versetzen. Die Nerven sind gespannt, gereizt, feuern an zur Reaktion. Die Reaktion geht ins Leere, denn da ist keine Form, keine Grenze, keine Kontur, keine Gestalt, auf die zu reagieren ist. Alle Warnlampen im System beginnen zu blinken, und die Hand mit dem Stift zeichnet ein unentschlossenes Hin und Her der Striche. Es entstehen ein

Zickzack und spitze Winkel, schräge und quere Linien, hinter denen sich verzerrte Muster der verlorenen Ordnung andeuten. Bildstörung: ein flimmerndes, zuckendes, zackiges Etwas, das ausfahrend und ausfällig wird. Obszön/provokativ: etwas, was völlig danebengeht und in dieser Abartigkeit genau den wunden Punkt trifft. Ein flirrender Zustand, in dem alles möglich ist, Erregung, auf kein Ziel gerichtet, elektrisierend, unerträglich, weil das einzig Eindeutige die Zweideutigkeit ist. Alles ist in Bewegung, in Aufruhr, Verstörung, Verwirrung, und das einzige was gleichbleibt, ist das Gefühl von Vorläufigkeit. Dieser Teufel ist ein armer Teufel, der immer den Anfang macht und nie zum Ende kommt.

3. Archetyp

Joker – Trickster – Teufel – Advocatus – Diabolus – Enfant terrible – Widersacher – Lügengeist – Störenfried – Provokateur – Narr – ewiger Verlierer

4. Metaphern

Es zu weit treiben, so daß es den anderen zu bunt wird. Es auf die Spitze treiben, es darauf anlegen. Es juckt einen, es reizt, oder es kratzt einen nicht, wenn keine Lust, kein Interesse besteht. Wider den Stachel löcken. Einen Streit vom Zaune brechen. Sand im Getriebe sein, Narrenfreiheit genießen.

5. Bewegung

Sich suhlen, aalen, reiben, anecken, ausfahrend und ausfällig werden, anpöbeln, anmachen, auf Tuchfühlung gehen, auf die Nerven gehen

6. Physiologie

Nervig, nervend, aufreibend, läppisch, kichern, ich kann mich nicht in Zaum halten, lockere Zunge, es entfährt mir, ins Fettnäpfchen treten, es juckt mich, kribbelig werden: Der Teufel reitet mich mal wieder. Ich merke es daran, daß mein Erregungspegel steigt, ohne daß es irgendeine Orientierung für mich gibt. Soviel Energieaufwand erscheint da sinnlos, und Frustration packt mich. Ich fühle mich nicht wohl in meiner Haut, kann aber auch nicht aus mir selbst heraus. Ich fühle mich in mir selbst gefangen. In mir sucht etwas nach einem Blitzableiter, der die Spannung ableiten könnte. Ich werde nervös, fahrig, ausfallend. Jetzt geschehen spontane, unbewußte Handlungen wie von selbst. Nachher wird es mir leid tun. Jetzt bin ich nur froh, den Schwarzen Peter losgeworden zu sein.

7. Ressource

Kontakt durch Konflikt.
Betroffenheit wird durch Zwiespalt und Zweideutigkeit erzeugt. Diese Art von Betroffenheit kratzt jedoch nicht mal kurz an der Oberfläche, sondern sie wirft den, den es trifft, mitten hinein. Wenn einmal Interesse durch Irritation geweckt wurde, ist es nicht ein beliebiger Außenreiz, der im nächsten Moment wieder abgeschüttelt werden kann. Statt dessen befindet man sich unversehens in der Mitte des

Problems, ohne zu wissen, wie man da wieder rauskommt. Es ist nämlich nicht eine Mitte der Ruhe, sondern ein Mittendrin im Getriebe und im Getriebensein. Das Wort Interesse deutet es schon an: Inter-esse heißt dazwischen sein. Man sitzt zwischen den Stühlen. Wir stecken im Zwiespalt, in der Zwickmühle, es treibt uns zwischen den Ecken und Enden der möglichen Entweder-Oder-Entscheidungen umher. Dadurch kommen wir in Bewegung. Was bisher unverrückbar als Wahrheit galt, gerät in das Zwielicht des Zweifels. Das wirkt beunruhigend. Aber auch anregend. Wir können unsere Konflikte als Ressource sehen, die uns in Bewegung bringt und dadurch wieder einmal alles aufmischt. Wenn wir glauben, es wird uns alles zuviel, sollten wir die Kraft genießen, die diese Überflutung in uns aktivieren kann. Es ist die Kraft, die in Unruhe gebunden ist – ein unglaubliches Potential!

8. Verankerung im Körper

Diese Energie geht unter die Haut und ist auf der Haut am besten zu spüren. Die Haut ist das Organ, in dem sich diese Energiegestalt manifestiert – meist als Jucken, Kribbeln, Kitzeln, Kratzen und das ganz körperliche Bedürfnis nach Reibung. Es ist das Bedürfnis, an die Grenzen zu gehen, um die Konturen besser zu spüren. Berührung in jeder Form kommt dem Wunsch nach, sich selbst besser zu spüren, oder überhaupt zu spüren. Sogar die aggressive Berührung des Schlagens und Geschlagenwerdens hat hier letztlich die Funktion, Kontakt herzustellen und Grenzen zu überwinden. Auch Sexualität kann dazu dienen, Übergriffe auf den anderen mit Erfolg durchzuführen und seine Souveränität, seine Unabhängigkeit und Freiheit zu stören, sogar zu zerstören, wenn es sein muß.

9. Verankerung im Alltag

Erkennen Sie rechtzeitig, daß Sie mal wieder Kontakt brauchen. Bemerken Sie die ersten Anzeichen von Unruhe, von dem Bedürfnis auszuscheren, den Rahmen zu sprengen und sich danebenzubenehmen. Anerkennen Sie sich dafür, so richtig frech, unverschämt und schamlos sein zu können, und erinnern Sie sich daran, wie gut es das letzte Mal tat, einen Volltreffer zu landen. Erinnern Sie sich, wie prall und drall Sie sich fühlten und was das für ein Lebensgefühl war. Und dann, nachdem Sie diese Ihre Fähigkeit anerkannt und wertgeschätzt haben, können Sie sich überlegen, wenn »Es« wieder einmal über Sie kommt, was es für andere Alternativen gibt, die Ihre soziale Verträglichkeit weniger gefährden als Aktionen, die ein öffentliches Ärgernis darstellen. Im Alltag kann eine solche Alternative sein, sich öfter zu kratzen oder kratzen bzw. massieren zu lassen oder eine Gymnastik zu entwerfen, bei der Sie sich ausgiebig am Boden suhlen und den Rücken gegen den Boden oder auch gegen den Widerstand der Stuhllehne reiben. Bürsten Sie sich am Morgen wach und streichen Sie auch während des Tages öfters Arme und Beine aus, kneten Sie, drücken und zwicken Sie, räkeln Sie sich häufiger in den Pausen – Sie werden erstaunt sein, wie sehr Sie das erfrischt. Dabei erlauben Sie sich, unverschämte, schamlose Gedanken zu denken. Entwerfen Sie schlagfertige Sätze, freche Widerreden, bösartige Streiche, und genießen Sie die Wollust, die Ihnen Schadenfreude und andere häßliche Gefühle bereiten können. Und genießen Sie vor allem die Freiheit, nicht alles, was Sie sich ausdenken, auch ausführen zu müssen, um sich zu beweisen. Und seien Sie froh, nicht so ein armer Teufel zu sein, der nicht anders kann.

10. Ausrichtung

Der Weg der Störung.
Lieber mit Bösem oder Schlechtem auffallen und die Allgemeinheit aufstören und verstören als überhaupt nicht in Erscheinung zu treten – das ist das Motto vieler Menschen, die auf diese Weise an die Öffentlichkeit treten wollen. Die Tatsache, daß eine unangenehme Störung besser im Bewußtsein haftet als eine angenehme, trägt dazu bei, daß Provokation zur Strategie geworden ist – unter dem Motto: je ausfälliger und abartiger, je obszöner und ausgefallener, desto besser. Nur so kann die Reizüberflutung durch die Medien noch übertroffen werden und sich noch ein weiterer Reiz ins Bewußtsein eingraben. Das ist der Reiz der Störung.

Wer ständig den Drang hat zu stören, oder wer leicht störbar ist, befindet sich, aktiv oder passiv, auf dem Weg der Störung. Störung kann als wichtige Aktion oder Information gesehen werden – durch Störung agieren wir entweder unbewußt aus, was zu fehlen oder nicht zu stimmen scheint, oder wir nehmen wahr, daß uns etwas davon abhält, ganz bei der Sache zu sein. Störbarkeit kann als die Fähigkeit angesehen werden, aufmerksam zu werden und zu bleiben. Der ewige Störenfried tut uns einen Dienst, indem er darauf hinweist, wo Risse und Lücken sind. Ebenso stachelt der Widersacher dazu an, die Dinge nicht auf sich beruhen zu lassen, sondern in der Auseinandersetzung weiter zu gehen. So schafft er Kommunikation, wenngleich diese Form des Kontaktes eher Streit und Zwietracht ist als Übereinstimmung und Kooperation. Es ist eine Fähigkeit, das Fehlende und Unstimmige zu spüren, und wir sollten diese Fähigkeit in uns anerkennen, sie achten, ihr vielleicht sogar dankbar sein, denn sie findet Wege, die Wahrheit an den Tag zu bringen, die wir in unserem normalen gesellschaftlichen Bewußtsein gegenseitiger Schonung nicht begehen würden. So bedient sich diese Fähigkeit wiederum der Situationen, in denen wir halb bewußt oder unbewußt sind, und als bestes Beispiel gilt hier der Zustand des Angetrunkenseins, der ja bekanntlich Hemmungen und Schranken abbaut. Dann kann sich die Wahrheit am besten ihren Weg bahnen und als Störung herauspoltern. Wer auf solche Lebensformen verzichten will, tut gut daran, sich im nüchternen Zustand die Brille des Betrunkenen aufzusetzen und nachzuspüren, wo »es juckt« und welche Konsequenzen es für mich hätte, diesen Empfindungen nachzugehen. Ich kann mich dann immer noch entscheiden, die Störungen nicht auszuagieren oder mich von ihnen mittreiben zu lassen.

11. Pole

Unerlöster Pol:
In den Widerstand gehen, aus dem Untergrund heraus das Gesamtsystem sabotieren, den Organismus schwächen, die Ordnung unterlaufen, die Gesetze außer Kraft setzen, Verwirrung schaffen, Verunsicherung stiften, Streit und Widerspruch hervorrufen, Konflikte verschärfen und sie ausnützen, intrigieren

Erlöster Pol:
Gewohnheitstrott unterbrechen, für Überraschung sorgen, uralte und unbewußte, verdrängte Konflikte aufs Tablett bringen, Aufruhr anschüren, Rebellion entfachen, Blokkade gegen Sinnloses ausrufen und dadurch das überalterte Gesamtsystem in Frage stellen. Tür und Tor für Neues öffnen, gleichzeitig als Schwellenwächter prüfen, ob das Ich-Bewußtsein schon stark genug ist, sich dem Neuen zu

stellen. Ist genug Energie, Lust und Motivation da, um sich auf Veränderungen und Neuordnungen einzulassen? Ist das Gesamtsystem genügend belebt, um den Schritt in eine wilde, noch ungeordnete Lebendigkeit zu tun?

12. Lebensaufgabe

Wie komme ich also vom unerlösten Pol der Selbstsabotage zum erlösten Pol der Erneuerung durch schöpferischen Umgang mit Konflikten?
Was braucht der arme Teufel, um endlich reich zu sein und seinen Frieden zu finden?

13. Heilritual

Bewußte Konfusion – Das Mischen der Karten.

Melanie, 54, bildende Künstlerin, erzählt:
»Ich komme in meiner Arbeit immer wieder an einen Punkt, wo ich alles verändern möchte, aber alles schon für festgelegt und erledigt halte. Mein Interesse erlischt, und damit auch meine Motivation, an einem bestimmten Projekt weiterzuarbeiten, es zu beenden. Unruhe überkommt mich. Früher reagierte ich auf diese Unruhe mit Zusammenbrüchen, wobei die Zusammenbrüche die Funktion hatten, diesem qualvollen Zustand des Dazwischen ein Ende zu setzen. Ich sagte viele Aufträge deshalb ab, was ich später bereute, denn kaum hatte ich abgesagt, ergab sich die Lösung wie von selbst. Ich lernte also daraus abzuwarten. Warten allein aber genügte nicht. Ich mußte etwas finden, was der Absage entsprach. Ich nenne es jetzt: Das Mischen der Karten. In einem Kartenspiel gibt es eine

Phase, die einen Neuanfang oder auch ein Ende markiert, ohne daß dabei das Spielen selbst aufgegeben wird. Innerhalb des Spielens gibt es also eine Phase, die diesem Zwischenstand der Zwiespältigkeit gerecht wird. Ich tue so, als hätte ich ganz aufgegeben und würde nun ganz von vorne beginnen. Dieses Als-Ob-Tun ist jedoch eine Sache, die ich mit mir selbst ausmache. Die Unsicherheit und Verstörung geht nur mich etwas an, weil nur ich weiß, daß Unsicherheit zur Sicherheit, Störung zur vollkommenen Vollendung gehört. Meist nehme ich mir Zeit für einen Tagesausflug, manchmal auch eine ganze Woche frei. Ich nenne das nicht Abschalten, denn ich weiß, das gelingt mir nicht. Ich nenne es ›freiwillige Konfusion‹. Ja, ich erlaube mir, konfus zu sein und mich auch so zu benehmen. Wenn mich jetzt jemand ansprechen würde, würde ich sagen: ›Ach, ich weiß nicht, was das Ganze soll.‹ Aber ich achte darauf, daß mich in diesen kritischen Tagen niemand anspricht, denn eine solche Aussage würde sich im Bewußtsein anderer Menschen verfestigen und zu der irrigen Annahme führen, ich sei am Ende – und zwar an einem Ende, das nicht das ist, das ich angezielt habe. Sie würden sagen: ›Arme Melanie, sie ist wirklich konfus! Sie weiß selbst nicht mehr, was das Ganze soll.‹ Dabei weiß ich es sehr genau. Also fahre ich weg, mal raus aus der gewohnten Umgebung. Ich laufe durch fremde Städte und lasse den Blick verschwimmen. Ich lasse alles in den Blick hineinkommen, was hineinfällt. Ich stelle mir vor: ›Ich könnte ja auch ein ganz anderes Leben führen!‹ Ich erlaube mir bewußt Zweifel an meiner Existenzform, an meiner Lebensaufgabe. Das gibt mir die nötige Erfrischung und Kraft weiterzumachen. Ich kehre nicht um, bis ich diese Kraft wieder einschießen spüre.«

SCHWARZ
Der Klagegott

TRAUER

SCHMERZ

ABWEHR

TROTZ

VERZWEIFLUNG

HOFFNUNGSLOSIGKEIT

1. Energiegestalt

Diese Energiegestalt folgt oft als Absturz aus der flirrenden Höhe einer nicht formbaren, lenkbaren Energie, wenn der nervöse Zustand der Verwirrung und Auflösung nicht in einen Zustand höherer Ordnung und größerer Komplexität hat führen können. Oft wählt die Lebensenergie dann den Umweg über das Schwarze Loch oder die Nacht der Seele, um sich langsam, aber sicher wieder hochzuarbeiten in die Formen gefaßter Erregung. Das ist die Funktion der Energiegestalt, die zu Grunde führt in die tiefsten Tiefen des Daseins. Dazu bedient sie sich einer schier endlosen Trauer, die in Hoffnungslosigkeit und Verzweiflung überzugehen droht, wenn nicht die Bewegung des Lebens als Strömen und Fließen auch in diesem Abgrund noch erspürt und wieder aufgenommen werden kann.

2. Zeichengestalt

Es ist ein Endzustand, und um die entsprechende Zeichengestalt entstehen zu lassen, bedarf es einer Linienführung, die ansetzt, nur um zu versacken, versickern oder, besser noch, sich zu einem geballten Knoten und Klumpen zu verdichten, der alle Linien in sich aufnimmt, restlos absorbiert, wie es auch die Farbe Schwarz tut. Ballung, Verklumpung, Verdichtung; ein Fleck wird zum Klecks, wird zum nachtschwarzen Loch und Abgrund, verbohrt sich, nistet sich ein, wird abgründig. Das Körpergefühl ist schwer, dunkel, langsam, schleppend, verhindernd, verhaltend, bremsend. Die Hand, die den Stift führt, möchte sich in das Papier hineingraben, dem uralten verhaltenen und hartnäckigen Trotz ein unauslöschliches Zeichen setzen.

3. Archetyp

Der Schwarze Mann – Das Schwarze Loch – Die Nacht der
Seele – Die Trauergestalt – Das Totengerippe – Der Herr
der Finsternis – Der düstere Gast – Der namenlose Schrek-
ken – Der Schatten – Lazarus im Grab

4. Metaphern

Schwermütig, schweres Herz, gebrochenes Herz, unleid-
lich; zugrunde gehen, gründlich, nachbohrend, abgründig;
himmelschreiend, herzzerreißend

5. Bewegungsgestalt

Schwerfällig, massig, schleppend, zögernd; zusammenbrechen; hinkend, humpelnd, schleichend und schlurfend;
verwachsen, verkrüppelt, vernarbt, gezeichnet, sich krat-
zend, sich schüttelnd, spastische Tics

6. Physiologie

Es kündigt sich vorher an, aber ich will es nicht wahrnehmen. Dann, wenn es da ist, erkenne ich es sofort: Das
Schwarze Loch. Es zieht mir alle Kraft aus den Knochen, den
Saft aus meinem Lebenswillen, macht mich schlaff und wil-
lenlos, droht mich aufzusaugen und zu verschlucken. Widerstand ist zwecklos: Alle Energie, die ich aufwende, um
ihm zu entgehen, wirkt gegen mich. Es ist ein großes schwei-
gendes Etwas, das sich über mich stülpt, eine Decke des
Grauens, die mir die Luft abpreßt. Meine Körpergrenzen

lösen sich auf, ich spüre meine Konturen nicht mehr: In
diesem Endzustand fühle ich mich völlig ausgeliefert. Ich
kann nichts tun gegen das Grau, das sich zum Schwarz zu-
sammenbraut. Es ist wie ein Unwetter. Und es geht vorbei.

7. Ressource

Hoffnungslosigkeit und Verzweiflung – Ernst und Pathos.
Hoffnungslosigkeit und Verzweiflung sind Endzustände.
Sie als solche nicht anerkennen zu wollen hieße, ihnen
ihren Platz, Wert und ihre Bedeutung im Leben, ihre Würde
und Wichtigkeit zu nehmen. Endzustände lassen sich nicht
rückgängig machen. Die Spuren können und sollen nicht
verwischt werden. Im Gegenteil: Sie sollen so offensichtlich
gemacht werden, daß sie nicht nur zum Abdruck, sondern
zum Ausdruck werden. Narben können auf diese Weise
zum Schmuck und zur Auszeichnung werden, denn sie
signalisieren: Hier hat ein Mensch etwas erlebt, indem er
es erlitten hat. Das Leiden ist nur zur einen Hälfte etwas,
was mich im Zustand des Ausgeliefertseins und der Hilflosigkeit vorfindet. Zur anderen Hälfte bedarf es meiner ak-
tiven Beteiligung, durch das Leiden hindurchzugehen. Erst
dann schließt sich die Erlebnisgestalt. Erst dann bin ich
von dem Durchgang erlöst: Das Leiden hat sich erledigt,
ich bin wieder ledig, das heißt frei. Ernst und Pathos sind
Lebenshaltungen, die aus der Erfahrung des Leidens entstehen. Sie öffnen mich für die neu gewonnene Freiheit
und mischen allen weiteren Erfahrungen eine neue Qualität bei. Ernst läßt mich tiefer und gründlicher wahrnehmen, statt apathisch zu reagieren. Pathos gibt mir die Kraft
des überzeugenden und tragenden Ausdrucks. Und alle
Tragödien als Inszenierungen des Tragischen finden im
Ausspielen und in ihrer Darstellung letztlich ihr befreien-
des Ende.

8. Verankerung im Körper

Das schwarze Loch, das Bewußtsein von unendlichem Verlust und Mangel, wird im Herzen wahrgenommen. Es ist das emotionale Zentrum, das darauf angelegt ist, Austausch, Verbindung und Kommunikation herzustellen, und von seiner Motivation her am liebsten die ganze Welt umarmen möchte. Es erlebt nun schmerzhaften Mangel, unerfüllte Leere und quälendes Schweigen. Angesichts dieser Frustration kehrt sich die Ausrichtung um und führt implodierend immer tiefer und weiter hinein in den Strudel der Verzweiflung. Das Herz zieht sich zusammen, will erstarren, anhalten, brechen, um nicht mehr als Gefäß des Leidens dienen zu müssen. Das Herz will sich schützen und macht dicht, wird hart, baut Mauern und Schutzwälle auf, wo die Türen eigentlich offenstehen und zum Besuch einladen sollten. Das Herz ist angewiesen auf den Rhythmus seines Schlags, auf die Stabilität der kontinuierlichen Bewegung von Pulsation und Kreislauf. Die Vorstellung eines Endzustandes, in dem »nichts mehr läuft«, nichts mehr anrührt und keine Rührung, keine Regung mehr zugelassen werden darf, ist für die energetische Versorgung des Herzens katastrophal: Es stockt, stolpert, erlahmt, bleibt stehen. Alles kommt zum Stillstand. Auf sein Herz zu hören heißt auch, auf die Gefühlsbewegungen zu achten, die als Regung und Rührung im Herzen gespürt werden, und sie wieder zuzulassen. Dadurch kann die Lebensbewegung des Pulsierens wieder in Schwung kommen und weiterführen, hinaus aus dem Bannkreis der Verzweiflung.

9. Verankerung im Alltag

Wenn wir auf unser Herz zu achten lernen, werden wir bemerken, daß wir oft den Atem anhalten oder sehr flach atmen, auch wenn dies eigentlich nicht notwendig wäre. Manchmal ist es uns schon zur Gewohnheit geworden, uns nur so wenig wie möglich bewegen zu lassen, um auf keinen Fall mit schmerzhaften Gefühlen in Berührung zu kommen. Apathie ist eine Lebenseinstellung, die aus Ängstlichkeit und Feigheit erwächst. Apathie kann als Lethargie beginnen. Erste Anzeichen sind Müdigkeit und ein niedriges Energieniveau, Unlust, Rückzug, Gefühle der Entfremdung und Desorientierung. Halbherzigkeit ist Mangel an Begeisterung, an Leidenschaft. Wir können die Berührbarkeit in unserem Alltag verankern, indem wir ab und zu die Hand aufs Herz legen, den Oberkörper leicht nach vorne neigen und tief ausatmen, als wollten wir das Herz ausschütten. Dieses Weichwerden im Brustbereich, dieses Nachgeben auf körperlicher Ebene kann zu einer Geste der Demut führen, die erleichtert. Das einmalige Vorbeugen als Verbeugen kann auch überleiten zu einem Vor- und Zurückschwanken – eine weitverbreitete Art, durch Bewegung Trauer zuzulassen, auszudrücken und sich von der Last des Leidens zu befreien.

10. Ausrichtung

Der Weg des Leidens.
Das Wort Leiden ist verwandt mit dem Wort Leben, Erleben. Dies spiegelt sich noch in der Redewendung wieder: Jemanden gut leiden können. Leiden ist also eine Form von Leben und Erleben, wenngleich diese Form in unserem Ohr die negativsten Assoziationen weckt oder zumin-

dest als leidig, im Sinne von lästig, interpretiert wird. Die Last mit dem Leid will heute niemand mehr so recht tragen, denn der Gewinn für eine solche Belastung ist nicht offenbar. Zugleich ist dem Christentum in seiner Ausprägung des 19. Jahrhunderts immer wieder eine besondere Leidenswilligkeit nachgesagt worden, so daß der Gegenausschlag des Pendels in die andere Richtung noch zu spüren ist: nämlich die Einforderung von Lebenslust um jeden Preis.

11. Pole

Unerlöster Pol:
Nörgelnd, kränkelnd, dahinvegetierend, resigniert, ohne Hoffnung und Auftrieb, sich gehenlassen, klagend, jammernd, überempfindlich, im Leiden versackend, selbstmitleidig, Opferhaltung, Schuldgefühle und/oder Schuldzuweisung, anklagend, selbstgerecht

Erlöster Pol:
Tiefes Empfinden, heiliger Ernst, die Kraft des Pathos und den Sinn des Tragischen begreifend, durchlebend. Mitgehen mit den großen und starken Gefühlen der Trauer, des Schmerzes, der Verzweiflung – sich dem Leidigen und Unangenehmen im Leben nicht verschließen; aushalten und durchhalten können, Abgründiges zulassen, mit der Sinnlosigkeit leben können, Verzicht üben, sich selbst hintanstellen, Leiden auf sich nehmen; Verzicht auf unmittelbare Befriedigung der eigenen Bedürfnisse, Orientierung am Ideal der Nächstenliebe, Opferbereitschaft; aufopfernd sich der Pflege der Schwachen und Benachteiligten widmen. Sich mit den Schattenseiten des Lebens auseinandersetzen. Bewußt und aus freiem Willen Verantwortung für Aufgaben

im Bereich der Heilung übernehmen, ohne dafür Dankbarkeit oder Belohnung zu erwarten.

12. Lebensaufgabe

Wie komme ich vom unerlösten Pol der unbewußten Opferhaltung zum erlösten Pol der bewußten Opferbereitschaft?

13. Heilritual

Bewußt zugrunde gehen, um eine neue Grundlage zu finden.

Renate, 60, Psychoanalytikerin, erzählt:

»Ich nehme an, daß mich meine Arbeit als Analytikerin dafür untauglich gemacht hat, so einfache Fragen wie die nach dem ›Warum‹ des Leidens zu stellen. Sicher, es gibt da schon ein Warum, ein spezifisches Warum, das nachforscht. Und es gibt Gründe, spezifische Gründe. In der Analyse erfährt man ja, daß die Gründe in der Vergangenheit liegen, und die analytische Arbeit besteht darin, die Vergangenheit, die verdrängt wurde, bewußt zu machen. Aber in unserer Arbeit gibt es diesen körperlichen Ansatz eigentlich nicht, in dem das Leid herausgeschrien und damit herausgesetzt werden darf. Es gibt nur Sprechen und Schweigen, lange Pausen, Tränen. Es gibt die sorgfältige Notation von Leiden, aber ich habe oft das Gefühl, es steckt noch im Fleisch. Nun zu erfahren, nein, zu erleben, daß es einen Gott des Klagens gibt, und daß dieser Gott sich das Recht herausnimmt, sein Leid in die Welt herauszuschreien, ist ungeheuer erleichternd. Das Leid muß also nicht passiv ertragen werden – es kann sich auch zur Grundlage einer Aktivität, einer Aktion wandeln. Es nährt den Ausdruck, es vertieft ihn. Es versetzt etwas in Schwingung. Wie der Klagegott auftrat, da wurde es mir ganz anders, und ich fühlte mich zutiefst berührt. Es war, als hätte ich auf einmal alles Leiden der Welt selbst erfahren und erkannt, als wäre ich von Anfang an dabeigewesen. Ich nehme an, daß dies ursprünglich die kathartische Wirkung der Tragödie auf den antiken Menschen gewesen sein muß. Ich erlebte Leid plötzlich anders – nicht als etwas, was zwar aus der Verdrängung hervorgeholt und bewältigt werden muß, aber sonst zu nichts gut ist, sondern als etwas, was wie ein Schmuck, wie eine Schmucknarbe das Mal einer Einweihung ist und den Menschen positiv zeichnet. Das Leiden ist menschlich – warum sollte es versteckt werden, warum sollte es weggemacht werden? Warum soll es nicht gefeiert werden?«

Den Schatten einladen – Der Schwarze Mann zu Gast.

Maria, 33, Schauspielerin, erzählt:
»Mein Psychoanalytiker ist davon überzeugt, ich sei mißbraucht worden. Alles spricht dafür, nur ich kann mich nicht erinnern. Vor die Erinnerung ist ein großer Block geschoben. Er versperrt den Zugang zu traumatischen Erlebnissen meiner frühen Kindheit. Ich kann spüren, daß da etwas Ungeklärtes ist, was mich belastet, aber ich kann es nicht sehen. Ich kann nichts sehen. Es fühlt sich an wie ein großes, schweres und schwarzes Etwas, was mich magisch anzieht, mich in seinen Bann zu schlagen versucht. Es ist wie ein Schatten, der sich ab und zu von der Mauer löst und ein Eigenleben beginnt. Ich lebe schon lange mit diesem Schatten. Eines Tages habe ich beschlossen, Freundschaft zu schließen mit diesem Schatten. Und da bei mir alles einen Namen haben muß, nannte ich dieses Stück,

das ein Teil meiner eigenen Geschichte war: ›Der schwarze Mann zu Gast‹. Ich ging so vor: Ich sagte innerlich zu meinem Schatten: Wenn du mir etwas zu sagen hast, kannst du es jetzt tun. Ich werde dir einen Platz in meinem Leben geben. Aber es ist nur ein einziger Platz und ein kleiner Platz. Ab heute verweise ich dich an den dir zustehenden Platz und verbiete dir, überall zu sein. Manchmal setze ich mich ruhig hin und lasse den Schatten kommen. Ich habe versucht, eine Regelmäßigkeit in diese Treffen zu bringen, wie mir geraten wurde, um dem Ganzen eine Struktur zu geben und Ordnung zu schaffen, aber das klappte nicht, denn nicht immer war ich in der richtigen Stimmung, und der Schatten anscheinend auch nicht. Wir kamen nicht ins Gespräch, wenn es auf Befehl gehen sollte. Es ist nicht so, daß der Schatten im eigentlichen Sinne des Wortes zu mir spricht. Ich höre auch keine Stimmen. Es ist nur ein Gefühl, und ab und zu erlaube ich mir, dieses Gefühl zu haben. Was das für ein Gefühl ist? Schwer zu beschreiben. Aber ich glaube, es ist ein sanftes und zärtliches, weiches Gefühl voller Schwermut. Es fühlt sich an wie eine verflossene Liebe. Daraus schließe ich, daß ich den Menschen, wer auch immer es war, der mich als Kind mißbraucht hat, auf eine bestimmte Weise, auf meine Weise geliebt habe. Und daß ich geliebt wurde. Was ich beklage, ist der Verlust der Liebe.«

ROT
Magma,
der glühende Kern,
der heilige Zorn

WUT
ZORN
LEIDENSCHAFT
BEGIERDE

1. Energiegestalt

Diese Energiegestalt wird oft als Explosion erlebt, die als Antwort auf die Implosion folgt und eine Umkehr der energetischen Ausrichtung um 180 Grad bedeutet. Hier wird es heiß, hitzig, gefährlich feurig, und gleichzeitig haben wir das intensive Gefühl, am Kern des Lebens angelangt zu sein. Nie erleben wir größere Intensität, fühlen uns mehr herausgefordert, stellen selbst höhere Ansprüche als jetzt, da uns diese Energie ergreift. Es ist die Energie der sexuellen Ekstase, die uns unseren innersten Kern berühren läßt, so daß wir uns zuinnerst berührt, gewollt, gemeint fühlen. Es ist diese Energie, die uns emporträgt, weit über alle Grenzen und Maße hinaus, uns unserer gewohnten Mitte und Mittelmäßigkeit entfremdet, uns entführt in ungewohnte Räume dessen, was wir eben noch für unmöglich und undenkbar hielten. In dem Schein der aufschießenden Stichflamme erkennen wir ein Bild, das unser mögliches Potential andeutet, eine Gestalt unserer unterdrückten, verdrängten, ausgegrenzten Natur für den Bruchteil eines Augenblicks zeigt. Es durchfährt uns heiß und schmerzhaft wie eine Erinnerung an etwas, was wir nie gewesen sind, aber schon immer hätten sein können: Ahnungen von unserer eigenen ungeheuren Kraft, unserer Lust am Leben und unserem Mut steigen auf. Es ist kaum auszuhalten.

2. Zeichengestalt

Um die entsprechende Zeichengestalt entstehen zu lassen, muß ich mir bewußt sein, daß Zeit kostbar ist, denn diese Energie ist nur kurz zu halten. Sie verbrennt mich, oder sie erlischt. Ich muß mich also vorher schon konzentrieren und wissen, was ich will. Ich sehe vor mir einen Kern, der mit explosiver Kraft aufgeladen wird und dann explodiert. Wie ein Fotograf muß ich den Moment der Explosion erwarten und erwischen. Wie ein Sportfotograf muß ich mit der schnellen Energie mitgehen, um überhaupt ein Bild erhaschen zu können. Ich muß darauf gefaßt sein, danach sofort wieder zu bremsen, um nichts von der Energie und auch mich selbst nicht zu verlieren. Ich muß also sehr gefaßt sein und zugleich das Wildeste, Heißeste, Schnellste, dem ich überhaupt mit meiner Wahrnehmung folgen kann, erwarten. Ich bin gespannt, auf dem Sprung und dennoch ganz still, gesammelt. Ich bin vorbereitet. Dann geschieht es: Das Feuer bricht aus in Tausenden Funken und ergießt sich in eine Gestalt, die sternförmig ausstrahlt, sich in einem magischen Ring schließt und sich in der menschlichen Figur eines rasenden Tänzers verkörpern will. Und dann ist es vorbei.

3. Archetyp

König – Herrscher – Tyrann und Despot – Rächer und Rebell – Befreier – Rasender Amokläufer – Tänzer – Trommler

4. Metaphern

Entflammen, sich erhitzen, auf 180 sein (Pulsschlag des Orgasmus), hochgehen, die Wände hochgehen, sich aufblähen, aufplustern, Dampf ablassen, Druck weitergeben, ein Ventil suchen, explodieren, wie im Fieber sein, heller Aufruhr, in der Hitze des Gefechts

5. Bewegungsgestalt

Rasen, wüten, stürmen, aufbegehren, aufbrausen, sich aufbäumen, explodieren

6. Physiologie

Ich fühle mich wie im Fieber; etwas brennt in mir und verzehrt mich. Ich verzehre mich. Ich bin ganz dabei, ich kann mich nicht entziehen, alles in mir ist erfaßt und ergriffen, in Bewegung, das Ich verliert die Kontrolle, und die unwillkürlichen Körperfunktionen übernehmen das Regiment: Erhitzen, Erröten, ansteigende und aufsteigende Hitzewallungen, ins Schwitzen kommen, innerlich verbrennen, ausbrennen, sich verzehren, trockene, entzündete Haut, rasender Pulsschlag, anschwellende Adern im Jähzorn, sich zum Platzen fühlen, hoher Blutdruck.

7. Ressource

Das innere Feuer.
Für Menschen, die Leidenschaft, Sexualität und Gewalt in ihrem Leben, vor allem in ihrer Kindheit als destruktiv erlebt haben, ist es schwer, das innere Feuer, das in uns allen brennt, wertzuschätzen. Zu nahe liegt die Assoziation mit der Zerstörungswut, die sie hilflos miterleben mußten. Oft schwören sie sich, es selbst nie zu solcher Destruktivität kommen zu lassen, und verschütten diese ungeheure Kraft des inneren Feuers in sich selbst. Manchmal nur bahnt es sich seinen Weg durch ein Ventil und überlastet dann das ganze System – so entsteht etwa die gesellschaftlich anerkannte Form der Sucht nach sinnvoller Beschäftigung,

sprich Arbeit. Vor allem wenn diese Arbeit aufopferungsvoll die eigenen Interessen in den Hintergrund stellt, erscheint es so, als wäre das innere Feuer gebändigt und nutzbringend kanalisiert. Plötzlich aber kann es ausbrechen und sich mit der Gewalt des lange Unterdrückten Bahn brechen. Oft richtet sich die Gewalt dann gegen die eigene Person und wirkt sich autoaggressiv aus. Es ist also wichtig, das innere Feuer wahrzunehmen, anzuerkennen und wertzuschätzen. Es ist unsere größte Kraftquelle, unsere wichtigste Ressource überhaupt, denn von dort, aus diesen Tiefen kommt die Lust, die wir brauchen, nicht nur, um zu überleben, sondern unser Leben verantwortungsbewußt zu gestalten. Eine Annäherung beziehungsweise Wiederannäherung an diese Kraft kann langsam, sanft und vorsichtig geschehen, aber sie muß geschehen.

8. Verankerung im Körper

Die Energiegestalt des inneren Feuers läßt sich am besten an der Vorderseite und in der Mitte des Rumpfes unterhalb des Brustbereichs spüren. Das schließt das sexuelle Energiezentrum unterhalb des Nabels und das motorische Zentrum im Sonnengeflecht ein. Ersteres ist mit den Keimdrüsen verbunden und kann große Kräfte mobilisieren, zweiteres ist mit der Bauchspeicheldrüse verbunden und kann Kräfte in Bewegung umsetzen. Dort ist der Sitz der Leidenschaften, jener Gefühlsbewegungen, die meist als leidschaffend erlebt werden, weil sie den gesellschaftlichen Rahmen von Moral, Konvention und Vernunft sprengen. Eine Stauung in beiden Energiezentren kommt durch das Verdrängen unbequemer Gefühle, wie es Wut, Zorn, Eifersucht und Haß nun einmal sind, zustande. Impulse, die zu unwillkürlichen und unkontrollierten, leidenschaftlichen Handlungen führen könnten, wurden dort abgeblockt und stecken wie Pfeile im Fleisch. Manchmal werden sie als ein Brennen gespürt, sehr oft aber ist der Panzer der Blockaden schon so zementiert worden, daß keinerlei Gefühl dort aufkommt. Es ist wie ein Vulkan, der zugeschüttet worden ist, in dessen Tiefe aber Massen von rotglühender Magma auf den Tag des Ausbruchs warten. Ich kann dieses ungeheure Kräftepotential in mir erspüren, indem ich mir vergegenwärtige, daß auch in mir ein Vulkan gefangen ist – er ist eine ständige Gefahr, aber auch eine Quelle der Kraft, die mir immer zur Verfügung steht.

9. Verankerung im Alltag

Ich vergegenwärtige mir also den Vulkan in mir und atme in den Bereich von Bauch und Magen. Ich löse die verkrampften Muskeln, die gleich einem Korsett das Fleisch zurückhalten mußten – mit Fleisch ist hier nicht nur das körperliche Fleisch gemeint, sondern es steht als Metapher für alles, was triebhaft aus dem Unbewußten aufsteigt und drängend seine eigene Dynamik entwickeln will. Ich lockere also den Gürtel und lasse Luft und Raum in den Bereich der Taille, wo die Verbindung zwischen Oben und Unten abgeschnürt wird. Es wird eine Weile dauern, bis das Zwerchfell wieder frei schwingt, die Bauchdecke sich mit den Atemzügen hebt und senkt und Bewegungen in diesem gefährlichen Bereich zugelassen werden können. Zudem hilft die Vorstellung, daß das innere Feuer nicht nur Anerkennung und Verwendung im allgemeinen Kräftehaushalt findet, sondern daß es auch Ventile gibt, die dem Kräfteüberschuß einen Ausgleich schaffen. Ich stelle mir vor, daß mein inneres Feuer weder erlischt noch vor sich hin schwelt, sondern hell und ruhig eine Flamme entwikkelt, die gegen die Schwerkraft gerade in den Himmel aufsteigt. Dazu brauche ich einen Abzug nach oben – die archaische Energie der Leidenschaft kann also aufsteigen und im Herzen eine Wandlung erfahren –, und ich brauche eine gut durchlüftete Basis, die den Durchzug garantiert. Diese kann durch Erdung hergestellt werden: Ich stelle mir vor, wie die Wärme, die mein inneres Feuer entfacht, sich bis nach unten in meine Füße fortsetzt. Nicht umsonst sagt man von jemandem, der nicht mehr motiviert ist, bei einem Projekt mitzumachen, er habe kalte Füße bekommen.

10. Ausrichtung

Der Weg der Leidenschaft.
Leidenschaft erscheint als ein altes, altmodisches Wort, ebenso wie dieses Gefühl aus der Mode gekommen zu sein scheint. Zu groß der Aufwand, zu klein die Belohnung. Trotzdem ist Leidenschaft – Passion – die treibende Kraft, die hinter vielen Höchstleistungen steht. Wir kennen Leidenschaft vor allem aus dem Reich von Liebesaffären, die umgeben sind mit dem Flor der Vergeblichkeit. Leidenschaft – das erinnert an die Duelle des 19. Jahrhunderts, als man glaubte, durch kämpferische Auseinandersetzung »Genugtuung« erlangen und die bürgerliche Ordnung wiederherstellen zu können. Leidenschaft ist ein romantisches Wort, ein romantisches Gefühl. Heute jedoch taucht es in verkleideter Form wieder auf, und zwar dann, wenn es darum geht, unser Leben so zu entwerfen, daß ungeahnte Potentiale in uns freigesetzt und unsere höchsten Pläne verwirklicht werden können. In der Sprache der Trainer, Coacher, Manager, Ideologen und Gurus heißt das dann: Engagement. Oder, sogar noch verbindlicher: Commitment. Beides Fremdwörter, die einerseits Verlobung – also

eine offizielle Art der Verbindung und Verbindlichkeit – und andererseits Hingabe (oder auch Einlieferung, insofern sich jemand unfreiwillig einer Gefängnisstrafe hingeben muß) bedeuten.

Der Weg der Leidenschaft führt mitten hinein in die Turbulenzen eines bewegten Seelenlebens und nährt sich aus den Kräften, die durch Gärung und Entzündung entstehen. Bildlich gesprochen heißt das, etwas ist am Dampfen, am Köcheln, am Kochen. Das bedeutet, hier findet gerade ein Prozeß statt, der zu einer totalen Veränderung führen wird, so daß nichts mehr ist wie früher. Alles wird anders. Die Veränderung ist absolut – nichts ist mehr verbindlich, wenn das bindende Ufer einmal verlassen wurde. Alles ist relativ, und alles ist in Bewegung. Alles ist im Prozeß, in der Entwicklung – das innere Feuer gehört einem jungen Gott, der noch nicht zu seiner vollen Gestalt ausgereift ist. Er braucht das Feuer zu seiner Entwicklung. Ebenso brauchen wir die Leidenschaft zu dem Prozeß unserer eigenen Ausreifung – auch wenn dies zuerst als das genaue Gegenteil erscheint.

11. Pole

Unerlöster Pol:
Jähzornig, cholerisch, unbeherrscht, herrschsüchtig, besessen, extrem und exzessiv, süchtig nach Gipfelerlebnissen und nach Ekstase; Verachtung des Gewöhnlichen und Alltäglichen, des Kleinen und Schwachen, der Stille. Überbewertung und Abhängigkeit von einem kontinuierlich hohen Energieniveau, von außerordentlichen Herausforderungen und Aufgaben. Das Gefühl, nur dann am Leben zu sein, wenn etwas Großartiges passiert. Größenwahn und Ruhmsucht, übertriebener Ehrgeiz, Unausgeglichenheit, unmäßig in allem.

Verschleudert seine Energien, macht sich selbst fertig und zerstört sich; oder betäubt sich, um sich auf das normale Maß zurückzuschrauben. Destruktiv durch Tyrannei und Despotismus anderen Menschen gegenüber und autoaggressiv durch Mißbrauch seiner Kräfte

Erlöster Pol:
Leidenschaftlich, engagiert, setzt sich mit allen Kräften für die eigenen Entscheidungen und übernommenen Aufgaben ein. Begeisterungsfähig und begeisternd, Führungspersönlichkeit, die motivieren kann. Intensives Erleben, hohes Energieniveau, das zu Höchstleistungen und Spitzenpositionen befähigt. Verliert in Extremsituationen und Krisen nicht den Mut und den Überblick. Lebt bewußt jede Minute seines Lebens; setzt seine Kräfte ein, kann dadurch Pläne umsetzen und Visionen realisieren. Kreativität bei großer Frustrationstoleranz. Konstruktive Autorität und Herrschergestalt

12. Lebensaufgabe

Wie komme ich vom unerlösten Pol der Tyrannei meiner eigenen Emotionen zum erlösten Pol der konstruktiven Autorität?

13. Heilritual

Tanz auf dem Vulkan.

Friedi, 47, Feldenkraislehrerin, erzählt:
»Ich hatte einen jähzornigen Vater, der furchtbar schrie und wild um sich schlug. Manchmal traf es meine Mutter,

manchmal uns Kinder. Dieser Jähzorn wurde immer damit entschuldigt, daß mein Vater ein Künstler war und unter ungeheuren Spannungen stand, um etwas Großartiges zu produzieren. Der Großvater war auch schon so gewesen: großartig, und gewalttätig. Ich nahm mir vor, nie so zu werden wie diese Männer. Also waren sowohl Großartigkeit als auch Gewalttätigkeit für mich tabu. In meiner Arbeit habe ich beides auch nie vermißt. Mein Leben verlief ruhig und beschaulich, meine Praxis war mit hellen Pastellfarben eingerichtet und strahlte Ruhe aus. Ich galt als sehr kontrolliert, ich erweckte den Eindruck zu wissen, was ich tue. Und das wußte ich auch. Bis eines Tages etwas in meinem Leben seinen Platz einnahm, was ich zunächst gar nicht bemerkte, weil es so schleichend daherkam. Ich will es Unmut nennen. Ich war damals etwa 38, 39 Jahre alt, und alle Zeichen wiesen darauf hin, daß ich gut 80 Jahre werden konnte, wenn ich so weitermachte. Ich ernährte mich gesund, ich achtete auf mich selbst, hatte genügend Zeit für Freizeit und Erholung, die ich oft meditierend in einem Kloster auf dem Land verbrachte. Ja, und da geschah es, mitten während der Meditation. Ich wurde mir bewußt, daß ich in einem Kloster war, und wollte nichts wie raus. Es war eine Art Panik. Ich wollte leben. Das Leben war anderswo. Na ja, plötzlich hatte ich da so eine Art Koller, und es wurde mir klar, daß ich die nächsten Ferien anders verbringen mußte. Aber wie? Ich hatte nie etwas anderes kennengelernt als Rückzug. Das Kloster war mir zur zweiten Heimat geworden. Ich ging in ein Reisebüro und schleppte einen Stapel von Katalogen nach Hause. Ich blätterte sie durch – überall sah ich Abbildungen von Stränden. Ich schaute gar nicht weiter nach, wie die Unterbringungen dazu ausschauten. Schließlich gelangte ich an einen Katalog, der Reisen für junge Leute anbot, bei denen man mit Zelt und Schlafsack unterwegs war. Ich muß wohl sehr damenhaft ausgesehen haben, denn die Frau im Reisebüro gab mir diesen Katalog nur zögernd mit, weil ich darauf bestand. Ich betrachtete die aufregenden Landschaftsfotos und war mir sehr wohl bewußt, daß zu einem solchen Naturerlebnis auch Nächte auf hartem Boden und Morgen in Campingtoiletten dazugehörten, und natürlich die Gesellschaft vieler junger Menschen. Da war also die Wüste, das rauhe Meer. Und dann, auf der nächsten Seite, traf es mich wie ein Schlag: ein rauchender Vulkan! Da mußte ich hin. Es interessierte mich wenig, wo der Vulkan vor sich hin rauchte, ich wollte nur so bald wie möglich bei ihm sein. Also buchte ich eine Reise nach Hawaii, und alle Freunde beglückwünschten mich zu meiner Entscheidung, mir dieses Paradies zu gönnen. Ich war jedoch erst glücklich, als ich am Rand des Kraters stand und auf eine menschenleere Wüstenei zerstörten Bodens hinabschaute. In schimmerndem Grau überzog die Lava weite Felder, auf die eine unbarmherzige Sonne brannte. Das war es, was ich wollte. Endlich hatte ich wieder zu meinem eigenen glühenden Kern Kontakt gefunden. In tagelangen Fußmärschen hatte ich den Kern umrundet und eingekreist. Ich erlaubte mir, mich großartig zu fühlen. Ich sagte mir immer wieder, während ich die Tafeln in den Informationscenters las: All das, was evolutionsgeschichtlich da begonnen hat, brennt weiter in mir – ich bin ein Teil dieser Geschichte! Ich konnte sogar meinen Vater und meinen Großvater verstehen, wenngleich ich ihre Gewalttätigkeit nach wie vor verurteilte. Gleichzeitig sah ich vor meinem inneren Auge ihre Qual, diesem großen Erbe gerecht zu werden und auch ein guter, selbstbeherrschter Mensch zu sein. Ich verstand, daß dies ein großangelegtes, anspruchsvolles Unternehmen ist. Wieder zu Hause, in der bequemen Sicherheit von Asphalt und Betonierung angelangt, hatte ich natürlich Angst, den neu erworbenen Kontakt zu dem

Vulkan in mir wieder zu verlieren. Aber Gott sei Dank entdeckte ich dieses Kino, das täglich Naturfilme zeigte, unter anderem Filme von Erdbeben und Vulkanausbrüchen. Da ging ich dann eine Weile öfters hin, bis sich das Gefühl für das innere Feuer in mir verankert hatte. Nun konnte ich damit umgehen.«

ROT
Die Göttin des Aufbruchs

STOLZ
UNDULDSAMKEIT
UNGEDULD
LIEBT FREIHEIT,
VERÄNDERUNG
UND AUTONOMIE

1. Energiegestalt

Diese Energiegestalt folgt der großen Explosion, wie der Sturm dem Feuer folgt. Manchmal jedoch, in Phasen großer energetischer Aufladung, kehrt sich die Zeitrichtung um, und der Donner folgt dem Blitz, so wie der Blitz angekündigt wird von einer überraschenden Brise, die hineinfährt in die Ruhe vor dem Sturm. Plötzlich ist alles anders: Der eben noch grau lastende Himmel ist voller Bewegung und aufgerissen, er steht offen. Wo gerade noch alles schwer lastend und verstellt, langsam und schleppend seine Beweggründe hatte, ist jetzt, scheinbar ohne jeden Grund, reine Bewegung vom Himmel herabgestoßen und erfaßt alles, was ihr in den Weg kommt. Jedes Hindernis wird überwunden, jede Ordnung durcheinandergebracht. Kein Stein bleibt auf dem anderen, die Schwerkraft scheint aufgehoben; funkelnde, funkensprühende, magnetisch aufgeladene Energie umgibt das unsichtbare Auge des Wirbelsturms. Die Energie scheint der Illusion von Beständigkeit zu spotten, scheint die Menschen in ihrer hoffnungsvollen Erwartungshaltung zu verhöhnen, bringt Unsicherheit und Verwirrung, Instabilität. Alle bestehenden Werte sind außer Kraft gesetzt, alle Abmachungen, Verträge, Bündnisse und Abkommen fristlos gekündigt. Es ist dies ein Moment der Krise, der gnadenlosen Zerstörung, aber auch die Chance eines Neubeginns. Es ist ein besonderer Augenblick, der seine Gunst mit einem sphinxhaften, undurchdringbaren Gesicht als Maske zeigt. Jetzt oder nie. Aufbrechen, sich hineinwerfen, sich riskieren; springen – ohne zu wissen, wo die andere Seite ist. Vertrauen auf die Bewegung des Wirbelns, vertrauen auf den eigenen Ursprung: Am Anfang stand immer schon das bedingungslose Sicheinlassen, Sichriskieren, Sichentwerfen im Wurf und Sprung. Sich dessen erinnern heißt, sich von diesem wirbelnden Spiraltanz tragen zu lassen.

2. Zeichengestalt

Um die entsprechende Zeichengestalt entstehen zu lassen, muß ich mich in eine Stimmung von Unruhe und Unsicherheit begeben. Es wäre ein leichtes, die fertige Form der Spiralen abzubilden, aber dann wäre alles schon da, und nichts würde im Jetzt entstehen. Damit wäre die Chance vertan. Nein, ich muß in die chaotische Bewegung des Entstehens mitten hinein, hinein in die Formlosigkeit, in die leichte, ungebundene Luftigkeit flüchtiger Gestalten. Ich muß sie zu fassen suchen, damit sie mich erfassen und mit sich ziehen. Ich muß mich exponieren, um auf mich aufmerksam zu machen, damit sie mich abholen, dort wo ich bin, und mich mit sich nehmen, wohin sie wollen. Ich muß mich ihnen anvertrauen, auch wenn Schwindel mich überkommt und mir jeder Boden unter den Füßen weggezogen wird. Nur so kann ich neuen Boden erlangen. Und tanzend, wirbelnd spüre ich ihn dann plötzlich unter mir: Ich erschaffe ihn im Tanz.

3. Archetyp

Windsbraut – Hexe – Amazone – Wilde Frau – Jägerin Diana – Kriegerin – Zauberin – Muse

4. Metaphern

Auf dem Sprung, auf und davon, wie ein Wirbelwind, im Sturmschritt, leichtfüßig, leichtsinnig, schneller, als man es denken kann, kurz angebunden, eigensinnig immer der eigenen Nase nach, Trotzkopf, Hitzkopf, den eigenen Willen durchsetzen, es muß nach dem eigenen Kopf gehen, alles durcheinanderbringen, das Unterste zuoberst kehren, Staub aufwirbeln

5. Bewegungsgestalt

Springen, hüpfen, galoppieren, in Galopp verfallen, laufen, wirbeln; aufspringen, sprinten

6. Physiologie

Unruhig, zappelig, flatternd. Ich merke daran, daß ich zu lange irgendwo verblieben und mich von liebgewonnenen Gewohnheiten habe einlullen lassen. Das Alte erscheint mir plötzlich schal, in mir regen sich Frühlingsgefühle, die mich plötzlich das Gewohnte und Gewöhnliche wie einen verrauchten, miefigen Raum mit abgestandener Luft erleben lassen. Ich will raus. Mein Organismus verlangt nach Frische, nach Weite. Er fühlt sich beengt und will dagegen an. Er rüstet auf, macht sich bereit: kein Hunger, keine Müdigkeit, Anspannung der Muskeln und erhöhter Adrenalinausstoß. Körpereigene Drogen animieren mich, lassen mich ungewöhnliche Leistungen vollbringen. Ich bin voller Motorik, die ich ausleben möchte. Ich spüre die Dynamik, die von mir ausgeht – die andere nervt, anregt, inspiriert, motiviert oder auch deprimiert.

7. Ressource

Radikal sein.
Das Wort radikal hat einen negativen Beigeschmack bekommen, dabei hieße es wörtlich doch nur: von der Wurzel

her, also sehr gründlich. Gründlicher geht es nicht. Aber auch hier drängt sich gleich eine unangenehme Assoziation auf: etwas mit Stumpf und Stiel ausrotten, das Übel bei der Wurzel packen. Der umgekehrte Prozeß, das Dasein von der Verwurzelung in der Tiefe her zu begreifen und vorzuerleben, vollzieht sich seltener. Nur in Momenten der Erschütterung und Krisis wird die Verwurzelung gespürt als etwas, was in Frage gestellt und bedroht ist. Dann kommt das, was sonst als selbstverständlicher Hintergrund hingenommen wird, in den Vordergrund: Ein Abgrund tut sich auf. Es fühlt sich an, als würde einem der Boden unter den Füßen weggezogen. Schwindel kann mich erfassen, ein einziger Gedanke kann mich beherrschen: wieder Halt gewinnen zu wollen. Die Welt scheint unterzugehen. Der Focus meiner Aufmerksamkeit ist ganz auf die Auflösung der alten Strukturen gerichtet, die Bewegung des Taumelns, Trudelns, Treibens und Wirbelns ergibt keinen Sinn, wirkt nur chaotisch auf mich. Und hier, mitten im Chaos, begegne ich meiner Kraft, mich neu zu organisieren. Es scheint von selbst zu gehen, kaum höre ich auf, dagegen anzukämpfen. Mit der Herausforderung wachsen mir neue Kräfte zu. Je mehr ich mich einlasse mitzutanzen in dem kosmischen Tanz von Zerstörung und Erneuerung, desto mehr werde ich von ihm getragen.

8. Verankerung im Körper

Diese Energiegestalt ist am besten in den Beinen und Füßen, vor allem in den Fußgelenken, Achillessehnen und Wadenmuskeln zu spüren. Wenn Sie mit den Füßen parallel stehen, so können Sie in dem Raum zwischen den Fußgelenken eine Energie spüren, die Sie auffordert, aufzuspringen, loszulaufen. Es ist eine kribbelnde, belebende

Energie. Wenn Sie fehlt, spüren Sie es daran, daß die Fußgelenke gestaut und geschwollen sind, vielleicht kommt es
Ihnen so vor, als würden Sie einen Klotz am Bein mitschlep-
pen, ohne daß Sie genau wüßten, was Sie so sehr belastet.
Es ist eine motorische Energie, die zur Veränderung auffordert und die Fähigkeit der Fortbewegung ausnützen
möchte, wo immer es geht. Es ist schwierig, still zu bleiben,
festzusitzen, etwas durchzustehen. Der Impuls lädt dazu
ein, wegzuspringen. Der Impuls will nichts mit Erden-
schwere zu tun haben und möchte leicht, fröhlich, unge-
bunden sein – frei sein. Er lädt ein, entgegen die Schwerkraft aufzusteigen, zu hüpfen, zu galoppieren, den Kontakt
mit dem Boden immer mehr aufzugeben, um letztlich zu
fliegen.

9. Verankerung im Alltag

Sie können einerseits durch Fußgymnastik diesem schweren Gemüt, das in den schweren Beinen wohnt, zu Leibe
rücken oder sich erlauben, immer öfter spontanen Wün-
schen der Ortsveränderung nachzugeben – natürlich in
begrenztem Rahmen. Oft reicht es, sich einen Ruck zu
geben und einmal um den Block zu gehen, um eine schwer-
lastende Stimmung aufzuheben. Ihr Selbstvertrauen und
Selbstbewußtsein wächst in dem Maße, als es Ihnen gelingt,
Ihre innere Trägheit zu überwinden und durch kleine
Spontanaktionen zu unterbrechen. Überfordern Sie sich
nicht, sondern beginnen Sie mit sehr kleinen Bewegungen
und Handlungen. Stehen Sie auf, wenn Sie zu lange geses-
sen sind, strecken Sie sich, machen Sie ein paar tiefe Atem-
züge am offenen Fenster, schütteln Sie die Hände aus, und
machen Sie eine Bewegung, als wollten Sie lästige Fliegen
verscheuchen. Schütteln Sie Ihre Füße aus, lassen Sie die

Fußgelenke kreisen, trippeln, trappeln, joggen Sie auf der Stelle. Sie können natürlich auch in der freien Natur joggen und dies zu Ihrer täglichen Gewohnheit werden lassen – achten Sie jedoch darauf, daß Ihr Körper leicht genug ist für die Erschütterungen, die durch den Aufprall des Gewichts auf dem Boden die Wirbelsäule und die Gelenke belasten. Achten Sie auch darauf, daß Muskeln und Sehnen warm sind, bevor Sie loslaufen, und daß ein gewisses Maß an Muskeltraining die Muskeln eingespielt hat, bevor Sie sie für größere Anstrengungen einsetzen.

10. Ausrichtung

Der Weg der Befreiung.
In den letzten Jahrzehnten war das Wort Befreiung in aller Munde. Meist ging es um Selbstbefreiung, wobei es oft die Fesseln einer repressiven Gesellschaft waren, die abgestreift werden sollten. Konventionen waren das, was den Menschen an seiner freien Entfaltung hinderten ebenso wie Gewohnheiten, gesellschaftliche Verhältnisse, Rollenerwartungen, Arbeitsbedingungen etc. Immer war das, was das Innenleben konditionierte, manipulierte, kurzum, gefangenhielt, etwas in der Außenwelt. Wären die äußeren Bedingungen erst einmal abgeschafft, würde das Licht der inneren Wahrheit nach außen treten können. Aber oft folgte auf den Zusammenbruch der herrschenden Verhältnisse erst einmal Chaos und wurde auch, entgegen aller Hoffnungen, lange nicht von etwas anderem abgelöst. Woher kommt also die wirkliche Freiheit? Was sind die notwendigen Voraussetzungen für wahre Befreiung? Hier hilft es, sich wieder einmal an der Sprache und den Wortverwandtschaften zu orientieren, und siehe da, der Zusammenhang von frei und freien (was soviel heißt wie: lieben und um-

werben und heute noch im Wort Freier enthalten ist) weist uns darauf hin, daß Befreiung keinesfalls durch Ablehnung und Verachtung geschehen kann. Neuorientierung und Neuorganisation muß anscheinend tatsächlich auf der Ebene der Anerkennung und Achtung geschehen, um den Wandlungsprozeß nicht im Chaos, sondern in einer neuen Ordnung der Freiheit enden zu lassen.

Um mich zu befreien, muß ich mich selbst anerkennen und achten. Wie schwer das fällt, wissen wir alle, wenn wir, zutiefst unzufrieden mit uns, vor uns selbst fliehen möchten. Aber wohin wir uns auch wenden, wir nehmen uns immer mit. So entsteht aus der unabwendbaren Wendung die Wandlung. Ich kann mir nicht entrinnen, ich muß mich selbst aushalten, und nur so komme ich zuletzt zu der Erkenntnis, die gleichzeitig ein Erlebnis ist: Ich bin es immer selbst, ob ich mich so nehme, wie ich bin, oder nicht. Wenn ich mich jedoch annehme, so wie ich bin, fühle ich mich frei. Ich fühle mich geliebt – von mir selbst, von einer Instanz in mir, die über das enge Ich-Bewußtsein hinaus von meinem eigentlichen Wert weiß, von Gott, wenn ich es so nennen will. Wenn ich davon ausgehe, daß Gott mich liebt, und zwar bedingungslos liebt, verstehe ich auch, warum ich, jenseits aller äußeren Beschränkungen und Begrenzungen, mich doch innerlich frei fühlen kann. Gottes Liebe zum Menschen ist eben die Grundbedingung zu dessen Freiheit. Den Weg der Befreiung zu gehen heißt, sich selbst anzunehmen und geliebt zu wissen. Das Alte ebenso wie das Neue nicht nur zu akzeptieren, sondern zu achten und wertzuschätzen, wenn auch die Ausrichtung vom Alten weg hin zum Neuen führen mag. Das tut der grundsätzlichen Haltung von Achtung keinen Abbruch – im Gegenteil. Und Selbstachtung verstärkt das Selbstbewußtsein, das immer ein Gefühl innerer Freiheit ist.

11. Pole

Unerlöster Pol:
Sprunghaft, unverbindlich, zerstreut und ungeduldig, chaotisch, unkonzentriert, unbeherrscht und impulsiv, flatterhaft, abgehoben, leichtsinnig, wechselhaft, unbeständig, den eigenen Launen und spontanen Einfällen unterworfen, launisch, zänkisch, spröde, kurz angebunden, egozentrisch

Erlöster Pol:
Innovativ, inspirierend, anregend, aufregend, anstachelnd und ermutigend, befreiend, erlösend, unbestechlich, kompromißlos, wahrhaftig und aufrichtig. Klarsichtig, geradlinig, offen und stolz

12. Lebensaufgabe

Wie komme ich vom unerlösten Pol der launischen Egozentrik zum erlösten Pol der unbestechlichen Wahrhaftigkeit?

13. Heilritual

Sich selbst im Wandel erkennen und anerkennen.

Sigrun, genervte Mutter einer wilden Tochter in der Pubertät, erzählt:
»Schrecklich, dabei war ich damals genauso. Immer auf dem Sprung, wie auf der Flucht, bei nichts bleiben, es nirgends länger aushalten – das Kind ist nicht zu bändigen. Meine Mutter sagte dann immer noch zu mir: Du kriegst nie einen Mann! Das war mir recht so, ich wollte keinen Mann. Meine Tochter habe ich allein aufgezogen. Aber wenn ich jetzt so sehe, wie sich das Kind genauso verrennt wie ich, will ich es warnen. Aber ich weiß, ich kann, ich soll es nicht

bremsen, das würde alles nur viel schlimmer machen. Also versuche ich es zu verstehen – und da begegne ich mir selbst. Ich frage mich: Wie hätte ich es damals gerne gehabt? Damals, als alle mir rieten, weniger und langsamer zu machen, und mich damit bremsten und frustrierten und noch mehr in die Flucht trieben. Ich frage mich also: Wie hätte mir damals ein Mensch begegnen müssen, daß ich ihn wirklich hätte akzeptieren können? Und da fiel mir eine Begegnung ein, die mich tief beeindruckt hat. Es war die Begegnung mit einem alten Herren, der in China gelebt und den Taoismus studiert hatte. Er hatte eine solch ungeheure Ausstrahlung, daß ich mir dachte: Das wäre mal eine Ausnahme – das wäre mal ein Mann! Er hatte eine ruhige und klare Art, die sofort als natürliche Autorität von mir akzeptiert wurde. Deshalb kam ich auf den Gedanken, meine Tochter herauszufordern und sie darauf hinzuweisen, daß sie zwar sehr schnell sei in allem, aber nicht immer so präzise und elegant, wie sie das gerne hätte. Sehr oft sei sie schlampig und verhuscht und mache die Dinge halb, was ihrem Anspruch an Radikalität nicht entspräche. Sie horchte auf. Sie war erstaunt, einmal nicht gedämpft und gebremst zu werden. Zusammen schauten wir uns mehrere Schulen für Kampfsportarten an und entschieden uns dann für einen Taekwondo-Meister. Als ich gehen wollte, hielt sie mich zurück, denn sie hatte selbstverständlich angenommen, ich würde das Training mitmachen. Ich sagte etwas von müden alten Knochen, aber sie erwiderte, daß sie das nicht als Ausrede annehmen würde, denn schließlich ginge es ja nicht um die Technik und die Leistung, sondern um eben jene Haltung, die aus der Wurzel des Seins kommt. Sie hatte mich mit meinen eigenen Waffen geschlagen. Ich begann wieder zu meditieren, was ich vor Jahren aufgegeben hatte, weil ich die Zeit dazu nicht mehr fand. Dabei entdeckte ich wieder die wilde Lust am Sein: dieses Gefühl von Freiheit und Raum und Fülle in der Leere.«

GOLD
Die Göttin
der Erfüllung

GROSSZÜGIGKEIT
GROSSHERZIGKEIT
LIEBENSWÜRDIGKEIT
LIEBE
FÜRSORGE
ÜBERSCHWANG
EITELKEIT
EIFERSUCHT
GIER

1. Energiegestalt

Diese Energie tut so gut, daß ich auf immer bei ihr verweilen möchte. Sie soll mich ausfüllen, gleich welche Gestalt sich daraus ergibt. Doch dieser Sehnsucht nachzugeben würde in die Formlosigkeit des ewig unerfüllten Bedürfnisses, des Mangels führen und würde dieser Energie nicht gerecht, die mehr als alle anderen darauf drängt, Form zu finden und Gestalt anzunehmen. Diese Energie strebt nach Fülle, die in Form gebracht worden ist. Sie kommt nicht eher zur Ruhe. Sie spielt mit dir, sie lockt und neckt, führt und verführt, bis sie ihre Befriedigung in der perfekten Form gefunden hat. Erst dann kehrt Frieden ein, erst dann kommen Genuß und Ruhe zum Zuge und das Erworbene zur Geltung. Es kann sich uns in seinem ersten ursprünglichen Glanz zeigen: Bewegung, die Form und Maß gefunden hat und sich somit anfassen läßt. Das Glück ist greifbar. Es ist nahe, es ist wirklich, und es wirkt sich weiterhin aus; andere können es sehen, fassen, sich davon berühren und überzeugen lassen. Es spricht für sich. Es ist sich seiner selbst gewiß. Es strahlt aus, ohne sich selbst zu verlieren.

2. Zeichengestalt

Um die entsprechende Zeichengestalt entstehen zu lassen, muß ich mich, noch bevor ich den Pinsel ansetze, in die perfekte Form des geschlossenen Kreises einschwingen. Das Kreisen wird dann zur lebendigen Bewegung, aus der eine Bewegungsgestalt heraustreten und sich davon lösen kann. Sie steht nun allein da und breitet ihre Arme aus. Sie ist getragen von der kreisenden Bewegung, die hinter ihr steht und sie nährt, sie aufbaut und ihr Rückendeckung gibt. Gleichzeitig aber ist es eine abgegrenzte Gestalt, die sich deutlich von den übrigen Linien und Zeichen abhebt und ihr Eigenleben führt. Arme und Hände sind Teile ihres Körpers und bereit, ihrer Aufgabe der Hingabe und Umarmung nachzukommen. Kein Zeichen kann dies leisten, kann diese Botschaft überbringen. Kein Zeichen ist ein lebendiges Wesen, das mit der Energie von Liebe erfüllt handelt. Das Zeichen des Herzens ist eine mangelhafte Chiffre, denn der Herzschlag ist nicht gegenwärtig, kann nicht wirken. Die Kontinuität der Öffnung, der Hingabe, das Dasein für den anderen läßt sich nicht mit einem einzigen Zeichen wiedergeben. Besser ist es, die Geste abzubilden: Offene Arme weisen auf unerschöpfliche Fülle hin.

3. Archetyp

Venus – Gute Fee – Königstochter – Liebling aller – Goldstück – Herzenskönigin – Schönheit – Diva – Femme fatale – Geliebte – Verführerin

4. Metaphern

Großes Herz, warmherzig, Herz aus Gold, liebenswürdig, liebenswert, sich verschenken, verströmen, vergeben, strahlen, glänzen, leuchten, lässig; aus dem Ärmel schütteln, etwas mit links schaffen, im Spiel, im Schlaf; Sonnenschein, Wenn sie kam, ging die Sonne auf, Sonntagskind

5. Bewegungsgestalt

Loslassen, sich gehenlassen, sich wiegen, wiegende, lok-
kende Bewegungen der Hüfte, des Beckens, aus dem Hand-
gelenk, sich annähern, einkreisen, einwickeln, Locken
durch Lockern, Lockern durch Locken

6. Physiologie

Strahlend, attraktiv, lasziv, verschwenderisch, innerlich
und äußerlich reich, bezaubernd, anmutig etc. Wie, um
Himmels willen, komme ich nur dahin? Es mag ein Trost
und ein Hinweis sein, die Wortverwandtschaft von viel und
voll und gefüllt zu beachten und sich vor Augen zu halten,
daß da noch eine Verwandtschaft zu den Tätigkeiten des
Fließens, Strömens, Treibens und Schwimmens besteht.
Wie also, muß die Frage heißen, komme ich von den viel-
versprechenden Eigenschaften zu jenen Aktivitäten, die
sich, zumindest ethymologisch, auf Tätigkeiten innerhalb
des flüssigen Mediums beziehen, um dann wieder, neu
gestärkt und bereichert, zurückzukehren, verwandelt, nun-
mehr mit eben jenen begehrten Eigenschaften ausgestattet, als ob ich damit geboren sei? Ganz einfach: Ich beziehe
mich auf das Medium des Fließens und gehe baden. Ich
lerne schwimmen, mehr noch, mich treiben lassen, mit den
Strömungen mitgehen. Ich gebe nach, werde weich, werde
flüssig, und schon verflüssigt sich etwas in mir und fließt
von selbst. Ich stehe unter einem Zauber – ich bin von mir
selbst verzaubert! Ich habe zwischen mir und meinem Ab-
bild, zwischen meinem Sein und meinem Schein ein Band
geknüpft, und je mehr ich mich selbst anmute, desto an-
mutiger wirke ich. Ich bin im Bann meiner selbst. Sehr bald
spüre ich, wie diese Gedankenkonstruktion auf meinen

Körper überzugreifen beginnt, und ich habe das Gefühl, in meiner eigenen Fülle zu baden. Fülle heißt hier nicht: überflüssige Pfunde. Fülle heißt Verheißung auf Vollkommenheit. Und Baden kann heißen waschen im Sinne von Reinigung oder auch Pflege im Sinne von Salbung, Würdigung, Nährung. Ich komme in Fluß. Das Überflüssige fließt ab. Es kommt nichts hinzu. Es ist alles schon da. Das Neue ist das Uralte. Erst jetzt kann ich es sehen und achten.

7. Ressource

Die Erfindung der Liebe.
Liebe ist zunächst das Letzte, was ich als Ziel und Objekt meiner Erfindungsgabe überlassen möchte. Kommt denn Liebe nicht von außen, als Geschenk, als Gnade oder auch als wohlverdiente und mir zustehende, lebenswichtige Grundnahrung, ohne die ich schon als Kind verkümmert wäre? Kann eine Liebe, die ich mir mache, indem ich sie erfinde, denn überhaupt Liebe sein? Ist das nicht ein Hirngespinst, ein Wunschtraum, eine Vorstellung, »von des Gedankens Blässe angekränkelt«, bar jeder realen Auswirkung auf mein Leben und das meiner Mitmenschen?

Wenn wir von Liebe sprechen, sehen wir innerlich meist ein Bild, das den Menschen Liebe empfangen läßt, so daß er von außen mit Liebe bestrahlt, behandelt, genährt, abgefüllt und dadurch erst fähig wird, selbst Liebe in sich zu entwickeln und anderen seine Liebe zu schenken. Und genau dieser Verlauf, der von außen nach innen führt und gegebenenfalls wieder auf die Außenwelt zurückreflektiert, ist auch der Fall, wenn wir die kindliche Entwicklung als Ausgangspunkt unserer Betrachtung nehmen. Für den Erwachsenen jedoch gibt es zwei Möglichkeiten, Liebe zu finden. Er kann in kindlicher Erwartung verharren und hoffen, daß er Liebe findet, beziehungsweise daß die Liebe ihn findet. Und je größer die Liebe ist, desto mehr ist sie imstande, ihn an den geheimsten und unglaublichsten Schlupfwinkeln aufzuspüren und trotzdem zu erreichen, auch wenn er alle erdenklichen Schutzwälle und Mauern zwischen sich und der Welt aufgerichtet hat. Die wahre Liebe durchdringt sie spielend! Und wer will eine Liebe, die weniger als sehr wahr ist? Deshalb muß die wahre Liebe geprüft und müssen alle hilfreichen, förderlichen Bedingungen von vornherein ausgeschaltet werden, um sich sicher zu sein, durch die wahre Liebe erwählt zu werden. Sicher hat es bei dieser Vorgehensweise schon manche Enttäuschung gegeben, wo ein lebenslanges Verstecken vor der Liebe nicht dazu geführt hat, trotz aller vernünftigen und einsichtigen Gründe auf völlig irrationale und wunderbare Weise dennoch von ihr überrascht zu werden. So mancher Lebensweg endete in der vorprogram-mierten Lieblosigkeit. Der einzige Vorteil ergab sich aller-dings aus der Genugtuung, vom Schicksal vergessen, ganz gemäß der eigenen Erwartung, den Verlust oder Mangel an Liebe am eigenen Leibe durchlebt und überlebt zu haben.

Eine andere Vorgehensweise jedoch erschließt sich dem Erwachsenen, der sich bewußt ist, daß Liebe unter ande-rem auch ein Wort, ein Gedanke, eine Vorstellung ist. Ob er will oder nicht, ob er genug Liebe bekommen zu haben glaubt oder nicht – Liebe ist etwas, worunter sich jeder etwas vorstellen kann, wobei diese Vorstellungen durchaus nicht alle gleich zu sein brauchen, aber doch eines gemein-sam haben, nämlich daß sie extrem glücklich machen. Die Erinnerung an eine durchlebte oder auch nur vorgestellte oder als Außenstehender, als Zuschauer miterlebte Liebe hellt den Gemütszustand unmittelbar auf. Was vorher schwer und dunkel und lastend schien, ist nun überzogen von einem warmen, goldenen Licht. Die berühmte rosa Brille taucht alles in einen berauschenden Schein, der in der Seele Widerhall findet. Ein Märchen, das von der Liebe erzählt und diese als Retterin in tiefster Not, als Allheilmittel beschreibt, beeinflußt die Stimmung derer, die das Märchen lesen, auch wenn sie wissen, daß es »nur« ein Märchen ist. Allein das Denken an Liebe zaubert sie in die unmittelbare Gegenwart. Plötzlich ist sie da, erschaffen, erfunden, ganz gegenwärtig. Wer diesem schöpferischen Vorgang vertraut, kann es sich zur Aufgabe machen, immer häufiger an diese Qualität der Liebe, des Liebens und Geliebtwerdens zu denken, um immer häufiger ihre Gegenwart zu fühlen. Schließlich wird das Gefühl ein verläßlicher Bestandteil des Wesens und beginnt, von innen nach außen auszustrahlen. Die Ausstrahlung wiederum stößt auf Resonanz und spiegelt sich wider. Die Liebe kommt zurück, und auch wenn es die Liebe war, die als Gedanke begann.

8. Verankerung im Körper

Die Liebe sitzt im Herzen und wird dort erfühlt. Das Herz selbst wird zum Wahrzeichen der Liebe. Im Herzen spüren wir die tiefe Sehnsucht nach Vereinigung, die gleichzeitig ein Wissen um das Getrenntsein und eine Erinnerung an den Zustand der Einheit ist. Ob dieser Zustand in die frühe Kindheit zu verlegen ist, als Mutter und Kind diese Einheit bildeten, oder ob die Einheit die der Seele mit Gott betrifft, sei dahingestellt. Sehnsucht orientiert sich immer an der Wiederherstellung eines Zustandes, der Erfüllung, Vollkommenheit und Vollendung bedeutet und an der Getrenntheit leidet. Getrenntheit scheint jedoch eine Tatsache des erwachsenen Daseins zu sein – das Leben als einzelnes, besonderes Individuum wird von manchen als

Vereinzelung und Absonderung erlebt. In der Sehnsucht nach Verschmelzung soll das Schicksal überwunden werden, und nichts kann dieses Glück ersetzen. Jede Befriedigung erscheint als Ersatz. Im Herzen wird also jener Urmangel gefühlt, der sich durch nichts beheben läßt, es sei denn durch das Erlebnis der Liebe. Im Herzen sitzt also jene Gefühlsbewegung, die verlangend, dürstend, schmachtend, gierend von innen nach außen die Arme ausstreckt, um umarmt zu werden. Die Erfüllung der Ursehnsucht, das Heil wird von außen erwartet. Jede Enttäuschung vertieft das Bewußtsein, im Grunde mangelhaft und deshalb nicht liebenswürdig, nicht der Liebe würdig zu sein.

Das Schmachten und Schmelzen ist seit den Tagen der Romantik aus der Mode gekommen, und eine Verschließung des empfindsamen Herzens spiegelt sich in der Verherrlichung derer, die kühl bleiben, cool sind. Dadurch findet eine Schmälerung der Lebensqualität statt, eine Verkürzung des Liebens auf reine Lustbefriedigung oder auf das Ausnutzen von Gelegenheiten. Die großen Gefühlsbewegungen des Verlangens wurden abgeschafft – nur manchmal, in italienischen Opern oder rührseligen Schnulzen taucht die Geste wieder auf, die die Hand aufs Herz legen und von dort aus mit dem Brustton und Tremolo der Leidenschaft ausgreifen läßt in eine Welt, die sich lieblos entzieht. Wenn wir uns nicht der Rührseligkeit verdächtig machen wollen, tun wir gut daran, alle Wogen und Wallungen im Brustbereich von vornherein zu unterdrücken und auch den Atemfluß so weit wie nur möglich stillzulegen – nichts verrät dann, daß auch wir Gefühle haben und Wünsche, Bedürfnisse, Sehnsüchte »in unserer Brust wohnen«. Ein unkontrollierter Atemzug schon mag die alte Sehnsucht wecken und damit das Gefühl der Bedürftigkeit. Das Rauchen bietet da übrigens eine Lösung an: Es erlaubt den tiefen Lungenzug, der die Lungen füllt, kühlt gleichzeitig ab und bestärkt die Unabhängigkeit des Individuums, das sich abgrenzt in der Welt.

9. Verankerung im Alltag

Eine Möglichkeit, der Verschließung des Herzens entgegenzuwirken, ist die, bewußt in Herz und Lungen hineinzuspüren und den Raum wahrzunehmen, der sich in der Innenwelt eröffnet, wenn wir unserer Sehnsucht nach Liebe Raum geben. In den therapeutischen oder auch meditativen und spirituellen Übungen, die bewußt die Liebesfähigkeit aufbauen möchten, kehrt sich die Richtung um: Wurde bislang in unbewußter und kindlicher Weise erwartet, daß alles Gute und das Heil selbst in Form zugeführter Liebe von außen nach innen dringt und das gefangene Herz erlöst (wie es in vielen Märchen geschildert wird), bemüht sich das Bewußtsein jetzt darum, Liebe zu denken und sie durch die Macht des Gedankens im innersten Kern des Wesens entstehen zu lassen. Wer sich schwertut mit dem positiven Denken, das ja in manchen Fällen einer gewissen Künstlichkeit nicht entbehrt (etwa wenn ich stur und verzweifelt vor mich hin murmele: »Ich bin es wert, geliebt zu werden« und dabei selbst nicht daran glaube), kann zu einer Visualisation greifen: Ich stelle mir einfach vor, mir geht ein Licht im Herzen auf, das warm goldenes Licht ausstrahlt. Der wärmende Effekt ist meist sofort spürbar und beeinflußt meine Ausstrahlung, aber nicht nur diese, sondern auch meine Einstellung zu mir selbst. Über die energetisierende Wirkung der Farb- und Lichtvisualisation lerne ich mich selbst zu lieben.

10. Ausrichtung

Der Weg der Erfüllung.
Wer am Mangel leidet, weiß von der Fülle.
Das Wort Mangel deutet auf die Tätigkeit »mangeln« hin, wobei diese eine Bewegung ist, die zusammenziehend an Volumen verlieren läßt. Es ist eine Bewegung der Kontraktion, die der des Windens, Schraubens, Wringens und Quetschens, aber auch des Zusammenpressens verwandt ist. Wer also Mangel empfindet, hat irgendwo noch eine Erinnerung, eine Ahnung davon, wie der ursprüngliche Zustand der Fülle gewesen war, bevor er in den Zustand des Mangels überging. Meist kommt erst der Zustand des Mangels ins Bewußtsein, denn die Urfülle scheint so selbstverständlich, daß sie nicht auffällt. Mangel zu leiden kann ein erster Schritt zu dessen Aufhebung sein.

Mangel fühlt sich körperlich als unangenehme Anspannung an, als würde sich etwas in einem zurückziehen, entziehen, als würde man, gegen seinen eigenen Willen, einen Platz aufgeben, Raum opfern und sich verengen. Eifersucht zum Beispiel hat eine solche Verengung zur Folge. Das eigene Selbst wird klein und hat keinen Platz, der eigene Körper windet sich, will sich zurücknehmen, Raum aufgeben. Othello preßt es den Atem ab, die Luft weg. Er glaubt zu ersticken, bevor er in die Raserei der Eifersucht verfällt. Erst durch sein Toben und Wüten kann er sich Luft machen – er gewinnt Raum zurück, jedoch zu einem sehr hohen Preis.

Wenn es hingegen gelingt, auf der körperlichen Ebene etwa Entspannung zu erzielen, ist ein Gefühl von Ausdehnung und Ausbreitung die unmittelbare Folge. Dieses Körpergefühl wiederum bewirkt eine räumliche Vorstellung, den bildhaften Gedanken, Platz zu haben. Platz in der Welt, Platz im Herzen des geliebten und restlos verloren geglaubten Menschen, Platz im eigenen Wertgefühl. Vielleicht ist es nicht soviel Platz wie früher, aber es ist ein Standort, ein Standpunkt, von dem aus es sich weitergehen läßt. Die Fülle mag vielleicht nicht so selbstverständlich zur Verfügung stehen, wie das einstmals war. Vielmehr handelt es sich hier um eine Fülle, die sich langsam, Schritt für Schritt, erfüllt und die an den Prozeß der Bewußtwerdung angeschlossen ist: eine Fülle, die wirklich erfüllt.

11. Pole

Unerlöster Pol:
Kindlich verspielt, schmollende Kindfrau, übernimmt keine Verantwortung für sich selbst; bedürftig, Mangelbewußtsein; Koketterie und Verführungstaktik werden eingesetzt, um andere zu erpressen, zu bestechen, gefügig und abhängig zu machen. Oberflächlich, eitel. Unselbständig, gleichzeitig anspruchsvoll, die Erwartungshaltung einer verkannten Prinzessin, wie beschrieben im »Cinderella-Komplex«.

Erlöster Pol:
Instinktiv sicheres Gefühl für Harmonie und Perfektion, für das richtige Maß, die richtige Proportion, Formvollendung und Vollkommenheit. Innere Ausrichtung auf Schönheit und Erfüllung, auf Reichtum und Großzügigkeit. Großes Herz, das überquillt und sich verschenken will. Fülle, die sich verschwenden will im Feiern des Lebens. Großer Stil, große Hingabefähigkeit, große Attraktivität durch das bedingungslose Voranstellen der Liebe als der bewegenden Kraft im Leben.

12. Lebensaufgabe

Wie komme ich von dem unerlösten Pol des unselbständigen Mangelbewußtseins zum erlösten Pol der hingebungsvollen Liebesfähigkeit?

13. Heilritual

Der Schlüssel zum Herzen.

Rita, 43, Fachärztin für Gynäkologie, erzählt:

»Vor vielen Jahren machte ich mit einer Freundin eine Reise nach Kalifornien. Auf einer Gesellschaft hatten wir von einem Treffen von Heilern irgendwo in den Bergen gehört, und jemand, der den Ort kannte, erbot sich, uns dort hinzufahren. Es versprach, eine Art Volksfest zu werden. Thema des Treffens war: ›The Healing Power of Love‹. Ja, ich und meine Freundin, ebenfalls Ärztin, dachten, es könne nicht schaden, sich so etwas mal anzuschauen. Und wir fuhren hin. Tatsächlich war da eine große Menge von Leuten, und einer, weißgewandet, sprach durch ein Megaphon. Er gab Anordnungen, die, wie wir erfuhren, darauf beruhten, die heilende Kraft der Liebe in die Wirklichkeit umzusetzen. Die Leute sollten herumgehen und sich gegenseitig im Herzen, also im Brustbereich berühren und die Kraft der Liebe aufeinander wirken lassen. Es ging darum, sich berühren zu lassen, sich von der heilenden Kraft der Liebe ergreifen und führen zu lassen, und schon machten sich einige auf den Weg, um einen geeigneten Partner zu finden. Meine Freundin und ich sahen uns nur an, und es war klar, daß wir uns nicht berühren lassen wollten. Auf so einen simplen Trick der Anmache würden wir doch nicht hereinfallen! Die Amerikaner hingegen waren schon ganz bei der Sache, und wir beobachteten verstohlen das Geschehen. Viele weinten. Ich war seltsam berührt. Ich versuchte meine Tränen zurückzuhalten, aber sie flossen mir über das Gesicht, und meiner Freundin ging es ebenso. Nach diesem Happening kam der Bericht von Menschen, die über ihre wunderbare Heilung durch die Kraft der Liebe berichteten. Sie sprachen durch das Megaphon, das ihre Stimmen verzerrte. Wir verstanden kein Wort von allem, und sicher hätten wir auch nicht daran geglaubt, was da verkündet wurde – wir waren junge Karrierefrauen, aufgeklärte und kritische Ärztinnen aus Europa. Komischerweise haben wir während der ganzen Reise nicht mehr über dieses Ereignis gesprochen. Zurück zu Hause, ertappte ich mich dann einmal dabei, wie ich gedankenverloren die Hand aufs Herz legte. Es tat irgendwie gut. Gleichzeitig spürte ich einen merkwürdigen Schmerz. Ich spürte weiter dorthin, wo die Berührung und der Schmerz war. Da kam Sehnsucht. Bitterkeit. Ich geriet in eine Tendenz des Nach- und Aufrechnens von Verlusten, Schulden, und einem Preis, den ich irgendwann einmal bezahlt hatte – wofür? Sollte mir etwas entgangen sein im Leben? Und was war es nur? Natürlich, kam es mir sofort in den Sinn: Liebe.

Ich reagierte mit Erstaunen. Das hatte ich ganz vergessen. Ich mußte mich über mich selbst wundern, lächeln, ja, lachen – wie konnte ich so etwas nur vergessen. Sofort dachte ich weiter: Zur Liebe gehören zwei. Und es fiel mir wieder ein, wann ich beschlossen hatte, mich nie wieder auf ein so innerlich aufreibendes, energieraubendes und riskantes Abenteuer einzulassen. Plötzlich fühlte ich wieder diesen innerlichen Rückzug, den ich angetreten hatte, dieses Sichverschließen und Abschotten, Einmauern, so daß mich nichts erreichen konnte. Ich war hart geworden. Ich erschrak über mich selbst. Ob diese Verhärtung noch einmal rückgängig zu machen war, und das in meinem Alter?

Ich begann damit, ab und zu einfach die Hand aufs Herz zu legen, mich selbst zu berühren und die Wärme aufzunehmen. Dann hörte ich, daß dies eine bekannte Methode der Selbstheilung und Meditation ist, und ich wollte mehr wissen über die selbstheilenden Kräfte, die ich in mir entwickeln kann. Dabei lernte ich mich zu entspannen, auszudehnen, Raum einzunehmen, nein, mir selbst Raum zu geben. Da war zunächst dieses Raumgefühl. Dieses Gefühl der Sättigung, satt zu werden. Ich lernte, von mir auszugehen, den ersten Schritt zu machen. Von Liebe war lange nicht die Rede. Das Thema ist für mich immer noch heikel ... zu viele Verletzungen ... Lieber vergegenwärtige ich mir Raum und Erfüllung, Vollkommenheit ... und das ist schon sehr viel.«

SCHILLERND IN ALLEN FARBEN
Der Schlangengott in Gestalt des Regenbogens

REINE ENERGIE
UNMITTELBARER KONTAKT
INTELLIGENTE ANPASSUNG
BRINGT IMMER GLÜCK

1. Energiegestalt

Diese Energiegestalt besitzt zwei einfache Symbole: die Schlange und den Regenbogen. Schlange und Regenbogen sind jedoch nicht zwei verschiedene Dinge, die nebeneinander stehen, sondern ineinander übergehen. Das macht es schwierig, die Energie der Gestalt richtig zu erfassen. Sie ist voller Bewegung, reine Bewegung, aufgeladen mit Energie, die sich blitzschnell ändern kann wie das Wetter. Sie nährt sich aus der elektrischen Aufladung, die uns umgibt und die die Atmosphäre eines Raums ausmacht. Sie schafft elektromagnetische Kraftfelder um sich, erschafft Muster und Spielarten von Zeichen, Signalen, lockenden Reizen, um sie ebenso schnell wieder verschwinden zu lassen. Es ist eine Gestalt, die sich als solche schwer fassen läßt. Sie ist zu schnell, zu wenig greifbar, zu wenig fest und irdisch. Und dennoch ist sie da.

2. Zeichengestalt

Um die entsprechende Zeichengestalt entstehen zu lassen, muß ich mich selbst in einen schnell dahingleitenden, elektrisch aufgeladenen, flüssigen Bewußtseinszustand begeben, aus dem die Gestalt von selbst herausschnellt. Nicht so schnell wie ein Blitz und nicht so wie die Wölbung eines Berges, ist sie eine Mischung von beidem und vermittelt von beiden etwas: die Ladung des Blitzes und die Ruhe der Wölbung. Sie ist die schwer begreifbare Gestalt des Zwischendrin und Mittendurch. Sie ist halb Materie, halb Energie; halb Stoff, halb Form. Sie zeichnet sich ab bei Zuständen energetischer Entladung.

3. Archetyp

Magier – Demagoge – Charismatiker – Kontaktperson –
Agent – Diplomat – Verwandlungskünstler – Katalysator –
Gummimann – Schlangenmensch – Akrobat – Medium

4. Metaphern

Klug wie eine Schlange, aalglatt, angepaßt, stromlinienför-
mig im Trend, Trendsetter und Mainstreamer, es klappt
wie am Schnürchen, wie ein geölter Blitz, alle Register
ziehen, auf mehreren Hochzeiten tanzen, zwischen den
Stühlen sitzen, mit allen Wassern gewaschen; wendig, gewandt; knochenlos, ohne Rückgrat; der Funken springt
über, etwas zündet. Elektrisiert.

5. Bewegungsgestalt

Sich durchschlängeln, sich durchwinden, alte Haut abstreifen, plötzlich züngeln, hochschnellen, sich steil aufrichten
wie eine Kobra, sich wiegen wie die Schlange zur Musik
des Schlangenbeschwörers, kleinste Bewegungen garan-
tieren höchste Beweglichkeit, als wären keine Knochen im
Körper, nahtloser Übergang der Bewegungen

6. Physiologie

Es gibt einen bestimmten Zustand, der sowohl ein Zustand
des Geistes, der Seele und des Körpers ist. Es ist, wie wenn
der Geist einen Körper und der Körper einen Geist besitzt

– was jedoch nicht dasselbe ist. Die Seele ist ohne Identi-
fikation, wie eine Flüssigkeit, die in ihrem Behälter, Körper
und Geist, herumschwappt, mal da oder dort Gefühle annimmt, um kurz als Form zu erscheinen und dann wieder
einzutauchen in das große Kontinuum emotionaler Energie. Es sind Zustände, wie wir sie aus dem Alltag kennen,
kurz vor dem Einschlafen, wenn Körper und Geist getrenn-
te Wege gehen und die Seele im Dazwischen baumelt. Auch
bei kreativen Prozessen gibt es einen Moment kurz davor,
wenn die Lösung aus dem Unbewußten aufsteigt. Es geht
um die Zwischenräume, die sich im Übergang offenbaren.
Wenn das Es zum Ich wird, oder auch das Ich zum Es, dann
wird die Schwelle selbst belebt und entwickelt eine eigene
Dynamik des Schwellens – sie wird zum Raum. Körperlich
fühlt sich das an, als tauchte ich unter Wasser und meine
Knochen, meine festen Strukturen würden plötzlich flüssig.
Ich beginne zu schwimmen, mir fremde, menschenfremde
Bewegungen zu machen, die jedoch plötzlich sehr vertraut
und bekannt sind. Ich werde zum Fisch, zur Schlange.
Etwas bewegt sich in mir, als wüßte dieses Es besser als
mein Ich, wo es langgeht. Etwas in mir weiß, was läuft, was
geht und was nicht, was los ist. Meine Grenzen lösen sich
auf, aber ich fühle mich nicht verschwommen, schwam-
mig, sondern mit einer festen Kontur umgeben. Meine Gestalt jedoch ist reine Bewegung geworden, Inhalt wird
Form und Form Energie, Bewegung, Tanz. Etwas tanzt in
mir von Form zu Form. Ich kann mich darauf verlassen.

7. Ressource

Fit heißt: passend.
Noch lange bevor es die Fitneß-Centers gab, wurde das
Wort »fit« schon falsch verstanden. Fit heißt nicht kraftstrot-

zender Muskelprotz an sich – Kraft, Muskeln, Protzen und Strotzen ist dann nur fit, wenn's paßt. Dem Darwinismus zufolge hat eine Art Intelligenz innerhalb der langen Evolutionsgeschichte immer wieder neue Formen in den Arten und Gattungen hervorkommen lassen, die der Umwelt genau angepaßt waren. Und manchmal waren zuviel Muskeln absolut fehl am Platz. Das Weltbild, das in Anbetracht einer solch intelligenten Anpassung oder sich anpassenden Intelligenz entstehen könnte, ist ein Weltbild, in denen Formen veränderlich sind. Sie werden je nach Bedarf umgebaut. Das Leben selbst erweist sich von einer ungeheuren Plastizität, und dies entspricht auch den Aussagen der Schamanen, die sich selbst als Wanderer nicht nur durch die Welten, sondern auch durch die Lebensformen beschreiben. Mal Fisch, mal Vogel, mal Speer, mal Schiff, so durchlaufen sie alle Möglichkeiten der Formbildung, ohne in der einen oder anderen Form steckenzubleiben. Bei aller Veränderlichkeit muß es also ein Kontinuum geben, auf das sie sich verlassen können. Es ist ein Kontinuum, das von Form zu Form trägt und die Formen miteinander verbindet. Schon in den altägyptischen Malereien erscheint die Schlange als Symbol für dieses Kontinuum, das Leben und Tod verbindet. Dieses Kontinuum wird den Menschen ins Jenseits befördern und dort auferstehen lassen, eine neue Form finden lassen, die den jenseitigen Bedingungen angepaßt ist.

Die Ebene des Unbewußten kann durch die Kenntnis der Kraft der Übertragung bewußt manipuliert werden. Beeinflussung solcherart wird heute als wünschenswerte Eigenschaft zu trainieren versucht. Verkäufer und Manager unterziehen sich Trainings, um die Kunst zu lernen, auf andere Menschen, in diesem Falle auf ihre Kunden und Untergebenen oder Kollegen, einwirken zu können. Macht und Nutzen ist das eigentliche Interesse, das sie treibt. Die

Kunst der Beeinflussung ist jedoch nur dann möglich, wenn ich eine Beziehung zu dem, worauf ich Einfluß nehmen will, aufnehme. Denn wie das Wort Einfluß selbst schon sagt, geht es darum, einzutauchen in den großen Fluß, wo noch nichts geschieden und entschieden ist, und im Fließen zu entscheiden, welche Richtung dieser nehmen soll. Das Fließen entsteht im Bewußtsein dann, wenn ich von der Ich-Ebene des Willens auf die Es-Ebene des Geschehenlassens und Vonselbstgeschehens überwechsle. Es ist die Ebene des Unbewußten, auf die ich Einfluß nehme und in die ich einlade. Diese Ebene hat eine große Anziehungskraft, weshalb es nicht schwer sein wird, andere Menschen dorthin zu locken. Vor allem im aufgeklärten Westen glauben wir, gefeit zu sein gegen die Mächte, die aus dem Unbewußten kommen – und sind deshalb besonders anfällig für sie. Auf der Ebene des Unbewußten geht es nicht um festgelegte Gedankenformen, da diese gar nicht erkannt werden können. Es geht um das Fließen, um reine Energie, reine Bewegung. Auf dieser Ebene sind alle Gedankeninhalte der Welt möglich, weil sie noch jenseits ihrer festen Form und Definition liegen. Dies macht sich der Therapeut, der mit Hypnose oder Trance arbeitet, zunutze. Der Patient wird auf diese Ebene geleitet, und er ist offen für die Suggestionen, die er sich selbst oder der Therapeut ihm eingeben, denn in diesem Zustand hat sich noch nichts zu einer festen Form geschlossen. Die Entscheidungen, die hier getroffen werden, beziehen sich nicht auf Entscheidungen des Inhalts und der Form, sondern setzen bei der Lebensenergie, der Lust und dem Elan an. Die Kraft der Übertragung ist die Kraft, den eigenen Willen dieser schnell veränderlichen, fluktuierenden Möglichkeitsmasse aufzuprägen, sie zu lenken und zu steuern – eben weil wir uns so aufgeklärt wähnen, ahnen wir nicht, welche Gefahren und welche Verantwortung in diesem Bereich liegen! Moral greift hier nicht – dieser Bereich ist völlig jenseits moralischer Vorstellung, ist amoralisch. Und doch alltäglich – ob wir es wollen oder nicht.

8. Verankerung im Körper

Diese Energiegestalt ist am besten körperlich zu erspüren. Alle Schilderungen von Trance-Erlebnissen bleiben blaß und vage, solange man nicht selbst erlebt, wie es ist, in Trance zu gehen. Es gibt dabei einen Bereich im Körper, der diesen für uns ungewöhnlichen Bewußtseinszustand verkörpert, insofern dort ein uraltes Wissen um unwillkürliche Reflexe gespeichert zu sein scheint. Es ist der Hinterkopf, der im Übergang zum Nacken das Ende der Wirbelsäule und den Beginn des Schädels markiert. Alle Kontrolle, den »Kopf oben zu behalten«, »den Kopf über Wasser zu halten« etc., betrifft die Kontrolle des Bewußtseins über das Unbewußte und, auf körperlicher Ebene, die Kontrolle des Willens über die unwillkürlichen Reflexe und Impulse. Wir können diese Nahtstelle erspüren, indem wir davon ausgehen, daß wir alle, mehr oder weniger, den Kopf starr festhalten und deswegen im Nacken verspannt sind. Wir alle ziehen den Kopf ein und müssen erst wieder mühsam lernen zu entspannen, indem wir uns erlauben, ab und zu »den Kopf hängen zu lassen«, so daß sich die Nackenmuskeln dehnen können. Wenn wir den Kopf dann wieder aufrichten, scheint dieser frei wie eine Blüte aus dem Körper herauszuwachsen, während er vorher darauf festgeschraubt schien. Wenn der Kopf nun wackeln und ruckeln darf, kann es sein, daß unser Gleichgewichtssinn in den Ohren meldet: Achtung, hier wird etwas ver-rückt! Die gewohnte Orientierung geht verloren und damit das gewohnte, das gewöhnliche Weltbild. Plötzlich kann es sein, daß wir uns in einer anderen Welt befinden, die zwar wie die gewohnte aussieht, sich aber anders anfühlt. Die Sichtweise hat sich verändert, das Körpergefühl und vor allem die Bewegungsqualität. Die Bewegungen geschehen nun von selbst. Es geschieht von selbst. Das Ich muß nicht ganz ausgeschaltet sein und kann staunend wahrnehmen, daß es keinen Einfluß hat und dennoch hellwach im Hintergrund als Zeuge anwesend ist. Alles geschieht wie im Traum, die Bewegungen sind traumwandlerisch sicher. Deshalb ist dieser Zustand so begehrt, denn er verleiht eine perfekte Koordination der Glieder, wie sie das Ich-Bewußtsein nie erreichen würde, und wenn es sich noch so abmühen würde. Alles geschieht spielerisch, ist leicht.

9. Verankerung im Alltag

Erlauben Sie sich im Alltag immer öfter, das Es für sich sprechen und handeln zu lassen. Vieles ergibt sich von selbst, und die Arbeit, die dazu geführt hat, Ihr Glück zu erfüllen, bleibt Ihnen verborgen, weil Es es gemacht hat. Sie müssen nicht wissen, wie Es es macht – niemand weiß es, weil das Es im Unbewußten agiert. In Brasilien ist die Regenbogenschlange ein Symbol, das Glück bringt, weshalb alle Lotteriescheine in den Farben des Regenbogens gedruckt sind. Sicher, das Lotto bringt auch Enttäuschung, aber das Bewußtsein, mit dem Sie immer wieder Lotto spielen mögen, zeigt den Einsatz, mit dem Sie sich dem Ungewissen anvertrauen, indem Sie aktiv auf Hoffnung setzen, statt passiv auf Verzweiflung zu warten. Spielen Sie nun Lotto, ohne die Lotterie zu bezahlen. Geben Sie Ihrem Glück eine Chance! Spüren Sie immer öfter in jenen geheimnisvollen Bereich, der Sie wie ein Kissen unter dem Kopf stützen kann und Sie wie auf Kissen gebettet ruhen läßt. Die chinesische Tradition nennt diesen Bereich nicht umsonst das Jadekissen. Sie können sich auch vorstellen, wie hinten in Ihrem Nacken ein Wesen erwacht, die Augen aufschlägt und um sich schaut und unabhängig von dem Ich-Willen und dem Ich-Bewußtsein in das Geschehen der Welt eingreift. Dieses Wesen hat ein Interesse an Lösungen, weniger an Problemen und Konflikten. Erlauben Sie sich, von dieser lösungs-orientierten Intelligenz in Ihnen zu profitieren.

10. Ausrichtung

Der Weg des Strömens.
Es reicht nicht, sich einfach zu entspannen, also die angespannten Muskelpartien im Körper in einen anderen Muskeltonus zu überführen. Die alte Anspannung wird sofort in die Muskeln zurückkehren, wenn das Muster der Anspannung nicht gelöst wird. Im Fluß zu sein heißt nicht, sich körperlich zu entspannen, obwohl körperliche Entspannung ein guter Einstieg in diese uns unvertrauten und bisweilen bedrohlichen Bereiche sein kann. Es ist wichtig, den Geist zu entspannen. Wie aber soll das gehen? Der Geist hat doch keine Muskeln und Sehnen, die ihm seinen Tonus und seine Form geben, wie dies beim Körper der Fall ist. Der Geist aber hat seine Vorstellungen, die der Wahrnehmung, diesem breiten Strom der Reize und Möglichkeiten, eine feste Struktur geben. Die Wahrnehmung hat schon eine Vorauswahl getroffen, was als wahr aufgenommen wird und was als Nebenprodukt ins Unbewußte abgeschoben und dort gespeichert wird. Den Geist zu entspannen heißt also, sich über die Bedingungen unserer Festsetzungen und unserer Festlegungen bewußt zu werden. Im Fluß sein bedeutet einzutauchen in das Meer, das

uns umgibt, und die Formen und Inhalte, mit denen wir leben, als vorläufig und veränderlich zu erkennen. Das beinhaltet, mit der Vergänglichkeit seinen Frieden zu schließen. Und dies wiederum wirkt wahrlich entspannend auf ganzer Ebene. Im Fluß sein heißt auch, von den Inhalten und Formen abzusehen und die Aufmerksamkeit ganz auf die Trägersubstanz zu richten: Was steht hinter allen Erscheinungen? Was bewegt uns alle, was verbindet uns in dieser Bewegtheit und Bewegung? Was verbirgt sich hinter Aktivität und Passivität? Wähle ich den Weg des Strömens, so werde ich immer weniger auf die Inhalte achten und mich immer mehr mit der Energie beschäftigen, die hindurchfließt. Mein Weltbild wird ein dynamisches sein, absolute Werte, Sicherheiten und Garantien werden nicht mehr verbindlich sein.

11. Pole

Unerlöster Pol:
Geistesabwesend, ungreifbar, tranig, schlüpfrig, aalglatt, opportunistisch, angepaßt, schleimig, unterwürfig, kriechend, unaufrichtig, verbogen und verlogen, unverbindlich, unzuverlässig

Erlöster Pol:
Optimale Nutzung der zur Verfügung stehenden Ressourcen und Energien, intelligentes Handeln mit einem Riecher für das, was in der Luft liegt, noch lange bevor es Form und Gestalt angenommen hat. Flexibel, spielerisch, wendig, leicht

12. Lebensaufgabe

Wie komme ich vom unerlösten Pol des Opportunismus zum erlösten Pol der intelligenten Anpassung und einer flexiblen Lebenshaltung?

13. Heilritual

Sich vom Es leiten lassen.

Heinrich, 28, Tänzer, erzählt:
»In meinen Tanzimprovisationen kenne ich das Gefühl, mich vom Es leiten zu lassen. Dann weiß ich: Ich bin gut. Ich bin ein guter Tänzer. Es ist schwierig, da hineinzukommen, denn ich muß mich stark konzentrieren, um mich nicht ablenken zu lassen. Angst lenkt am meisten ab. Angst kommt bei mir durch meine Eitelkeit. Ich habe Angst, mich vor dem Publikum lächerlich zu machen. Angst macht mich steif, befangen. Wenn ich also ein guter Tänzer sein will, sage ich mir, muß ich meine Eitelkeit ablegen, denn die hindert mich daran, mich wirklich zu entspannen. Mein Image muß mir egal sein, meine äußere Erscheinung, der Eindruck, den ich auf die Journalisten und Kritiker mache, alles, was mich ablenkt und abhält, muß abgestreift werden wie eine alte Haut. Ich nenne es: das Abstreifen, schüttle mich innerlich, erzähle mir selbst ein Märchen, indem ein Mensch eine Schlange wird, und schon geht es los. Ich bin im Bann dieser Vorstellung, die jede andere Vorstellung auflöst. Ich bin ganz konzentriert auf dieses eine Bild, das alle anderen Bilder auslöscht. Es ist das Bild, wie ich eine Schlange werde und die Welt zu einer flüssigen Masse von Protoplasma. Daraus können alle möglichen Formen entstehen und das Atmen beginnen, wenn ich in die Formen hineinschlüpfe und die Bewegungsformen nachspiele.

Dann atmet die Form. Ich spüre den Tieratem, das schnelle Hecheln kleiner Echsen, die pumpen und sich blähen, Frösche ... Ich lasse mich leiten vom Es, wobei ich mir vorstelle, daß das Medium, in dem ich mich bewege, nämlich der Tanz, ein leitendes Medium ist. Was heißt leiten? Da gibt es die Leiter in der Elektrotechnik und der Physik. Etwas springt über, ich nenne es Energie, Information, Elektrizität, wer weiß ... Ich konzentriere mich auf das Überspringen, das Weiterleiten. Das geschieht ganz schnell, fühlt sich an, als wäre ich elektrisiert. Ich stehe unter Strom. Dann weiß ich, ich bin gut. Wenn das wegfällt, wenn plötzlich der Strom ausfällt, dann stehe ich da, mittendrin, beziehungslos, als hätte man mir meinen Lebensfaden abgeschnitten. Ich habe den Faden verloren. Ich kann nirgends mehr anknüpfen. Es ist sehr schwer, dann wieder auf die normale Ebene zu kommen, in der geplant, vorgesorgt, gedacht wird. Sie kommt mir so gekünstelt vor, daß ich sie keinem Publikum zumuten möchte. Es würde gleich einschlafen. Aufregend, elektrisierend ist nur das andere. Man hat das Gefühl, am Puls der Wahrheit zu sein ...«

GRÜN
Die Gottheit der Pflanzen

SANFTE STÄRKE
AUSDAUER
GEDULD
EINFÜHLUNG
ZÄRTLICHKEIT
SYMBIOSE
KOOPERATION

1. Energiegestalt

Diese Energiegestalt ist schwer zu erfassen, denn sie scheint auf den ersten Blick keine eigene Form zu besitzen. Die Energie ist überall und nirgends. Sie ist greifbar im Raum, in der Atmosphäre, ist faßbar als Zauber, der auf allem liegt und alles irgendwie in seinem großen Bann hält, aber im einzelnen ist die Energie schwach und unausgeprägt, so daß der Bann nicht aufzuheben ist, indem das einzelne verändert wird. Es geht um den großen Zusammenhang, das Zusammenspiel, das die Macht dieser Energiegestalt ausmacht.

2. Zeichengestalt

Um die entsprechende Zeichengestalt entstehen zu lassen, muß ich innerlich ganz ruhig und ausgeglichen werden, um alle Unterschiede und Wertigkeiten, alle Präferenzen und Akzente in mir auszulöschen. Ich will ein gleichmäßiges Muster erzeugen, das wie ein feinverästeltes Netzwerk kleinste Elemente miteinander verbindet, ohne daß dies vorher genau eingeplant oder berechnet und auch später nicht als eigene Linienführung erkennbar wäre. Es muß irgendwie von selbst entstehen, aus dem Schwung und Entwurf heraus mitgeschaffen werden. Nachträglich kann nichts hinzugefügt werden, denn das würde den Gesamteindruck eines zusammenhängenden Ganzen stören. Ich komme dabei auf die Idee, einen Pinsel zu nehmen, der sich bei Verwendung von weniger Flüssigkeit in seine feinen Härchen aufspaltet und diese auf dem Papier eine gleichmäßige Spur bilden läßt. Ich bemerke nach einigen Versuchen, daß ich meine Energie ganz zurücknehmen muß, um diese feine Gleichmäßigkeit zu erreichen. Aber beständig und kontinuierlich muß mein Einsatz sein, bis sich der Entwurf von selbst abschließt. So kommt es zu Formen, die mit Bienenschwärmen oder Vogelflugformationen zu vergleichen sind. Dies wiederum läßt mich daran denken, daß die Lebewesen entwicklungsgeschichtlich mit einem inneren Programm ausgestattet sind, das sie optimal an ihre Umwelt anpaßt und ihren Lebensfunktionen gerecht wird. Nur der Mensch hat eine ganze Palette von Programmen zur Auswahl – das macht die Wahlfreiheit und ungeheure Bandbreite seiner Entwicklungsmöglichkeiten aus, erklärt aber auch die Qual der Wahl, die darin besteht, nicht nur ständig wählen, sondern sich auch ständig neu für die Wahl entscheiden zu müssen. Denn Wachstum und das volle Ausschöpfen der Möglichkeiten hat der Mensch nicht als Programm mitgeliefert bekommen, weshalb sie auch kein selbstverständlicher Prozeß sind.

3. Archetyp

Der grüne Mann – der Bewohner des Waldes – der Herr der Wildnis – Zauberer – Schamane – Heiler – Elf

4. Metaphern

Das Gras wachsen hören, Gras darüber wachsen lassen, Bäume wachsen in den Himmel, kein Kraut ist dagegen gewachsen.

5. Bewegungsgestalt

Pulsieren, feinste und kleinste Bewegungen, keimen, aufblühen, welken, vergehen

6. Physiologie

Sich leicht und durchlässig fühlen, wie ein Blatt von einem Netz feinster Äderchen durchzogen, feingliedrig, verletzlich, aber auch stark und durchströmt von den Säften, die im Körper zirkulieren. Ein Gefühl für das Wunder des Stoffwechsels entwickeln können, den vegetativen Austausch mit der Umwelt und Außenwelt genießen, sensibel werden für die Aufnahme von Nahrung, die naturbelassen und ausgereift ein größeres Aroma, eine knackige Ausstrahlung, eine Art Persönlichkeit entwickelt hat.

7. Ressource

Frühlingsgefühle auf der vegetativen Ebene.
Im Frühling gibt es immer bestimmte Tage, an denen das Aufsteigen der Säfte an die Oberfläche der Erscheinung dringt und geradezu sinnlich wahrnehmbar wird. Das junge Grün ist noch ganz zart, hell, wie ein Hauch, eine Ahnung. Es gibt eine Stimmung, die dieses Ausschlagen der Triebe, dieses Erwachen der Natur, das Wachsen als Vorgang widerspiegelt. Es ist eine flimmernde, flirrende Stimmung, die alles erfüllt und mit feinen Verbindungslinien durchzieht. Alles scheint irgendwie verbunden. Man glaubt, das Gras wachsen zu hören. Das Gemeinsame zwischen mir und der Pflanzenwelt vermittelt sich durch ein Gefühl, selbst den Prinzipien des Werdens und Vergehens unterworfen zu sein. Aber diese Naturerfahrung vermittelt auch eine Kraft, jenseits des Ich-Bewußtseins durch die Naturvorgänge unterstützt zu werden. Es ist eine unmittelbare Erfahrung von belebender, lebendiger Energie.

8. Verankerung im Körper

Diese Energiegestalt ist im unteren Bereich des Beckens, am Ende des Steißbeins zu spüren. Es bedarf einiger Beharrlichkeit und wiederholten Hinspürens, um diese feine Energie ausfindig zu machen. Da es eine rezeptive und passive Energie ist, gehen keine Impulse des Reagierens und Agierens von ihr aus: Sie ist einfach da. Sie ist die pure, unverstellte Essenz unseres Daseins auf vegetativer Ebene und verbindet uns mit den entwicklungsgeschichtlich ältesten Programmen unseres Lebens, wie sie im Stammhirn gespeichert sind. Diese Programme haben mit dem Überleben zu tun und werden aktiviert, wenn es in Krisensituationen um die Anpassung des Organismus an Ausnahmesituationen wie zum Beispiel im Fluchtverhalten geht. Gefahren werden instinktsicher durch ein vegetatives und unbewußtes Frühwarnsystem schon in den ersten Anzeichen erfaßt. Streß ist ursprünglich als Krisenmanagement des Organismus gedacht, führt aber als chronischer Zustand zu Raubbau und Erschöpfung des Gesamtsystems.

9. Verankerung im Alltag

Die Frage, die sich hier stellt, ist folgende: Wie kann ich meine instinktive Wahrnehmung weiterhin so offen und breit gestreut halten, gleich einer Linse, durch die sehr viel Licht, sehr viel Information, sehr viele Hinweise dringen, ohne für diese Sensibilität mit Dauerstreß und dem damit verbundenen Erschöpfungszustand einen zu hohen Preis zu bezahlen?

Die Anwort ist: Obgleich sich die Sensibilität auf den Bereich unbewußter Informationsvermittlung bezieht und sich eigentlich jenseits der Bewußtseinsschwelle und der bewußten Informationsverarbeitung abspielt, bin ich aufgefordert, mir bewußt Gedanken zu machen, wie ich zu der perfektionierenden Organisation meines Organismus beitragen kann, um der Natur zu ihrem Recht zu verhelfen. Habe ich mir dieses Wissen erarbeitet, kann ich es auch auf andere Organismen anwenden und zum Heiler auf der körperlichen, naturbestimmten, organischen Ebene werden. Je mehr ich dieses Wissen um den Organismus anwende, desto mehr erfahre ich die Kraft der Selbsterhaltung und Selbstheilung. Im Alltag kann sich für mich dieses Wissen verankern, indem ich immer wieder in die untere Hälfte meines Rückens hineinspüre und mir vorstelle, daß dort in einem Punkt die Kraft zu Wachstum und Stärke konzentriert ist. Durch meine Gedanken wird die potentielle Kraft geweckt und kann zu wirken beginnen. Ich atme bewußt dort hin, lege die Hände auf und beuge mich leicht vor, um den ganzen Rücken, insbesondere den unteren Teil, zu dehnen und zu strecken. Der Atem fließt ein und überbringt die Botschaft von Frische und Neuanfang.

10. Ausrichtung

Der Weg der Allverbundenheit.
Ich kann diesen Weg der Selbstheilung und Kräftigung auf der vegetativen Ebene weitergehen und verstärken, indem ich mir bewußt werde, daß ich meiner Fähigkeit der vegetativen Aufnahmebereitschaft nicht ganz passiv ausgeliefert bin. Ich kann nicht nur reagieren, sondern bewußt agieren, indem ich mich auf meinen Nabel konzentriere und mir dabei vorstelle, daß ich in diesem Punkt mit der ganzen Welt verbunden bin, ähnlich wie ich bis zu meiner Geburt mit meiner Mutter durch die Nabelschnur an ihren Organismus angebunden war und von ihm ernährt wurde.

Diese Verbindung zur ganzen Welt ist einerseits organisch, vegetativ und unbewußt, andererseits will sie aufrechterhalten, gepflegt und gebildet werden und stellt sich, näher besehen, als ein höchst differenziertes Geflecht, ein komplexes Netzwerk verschiedenster Einzelbeziehungen dar. Das Ganze kann als diplomatisches Kunstwerk von Verbindungen, Bündnissen, Verträgen und Handelsabkommen gesehen werden, wobei sich alles auf alles bezieht und im Gleichgewicht hält. Jeder Eingriff hat Konsequenzen: Unser Organismus bietet ein weites Übungsfeld für gelebte Ökologie. Um mir dessen bewußt zu bleiben, konzentriere ich mich auf den Nabel, stelle ihn mir als Sonne vor und lasse von dort die Sonnenstrahlen ausgehen. So hole ich mir meine Fähigkeit, zu allem eine lebendige Verbindung zu schaffen, in Erinnerung. Sie kann dann in mein Innenleben und in meiner Außenwelt zu wirken beginnen.

11. Pole

Unerlöster Pol:
Schwächlich, verzärtelt, unmännlich, ein »Softie«; unerwachsen, zurückgeblieben, drückt sich vor allen Entscheidungen, überläßt sie lieber anderen; wirkt blaß und ohne Ausdruck, unscheinbar, unauffällig, ohne Initiative und Ausdruck, langweilig; ohne Standpunkt, manchmal auch romantisch verträumt, blumenhaft wie ein Elf oder ein Feenwesen aus einer anderen Welt; ohne eigenes Ziel, vegetativ dahintreibend und lebend; auch entwurzelt, desorientiert, verstört. Wenig Energie, wenig Lust, wenig Anteilnahme an allem

Erlöster Pol:
Angeschlossen an die Naturgesetze des Wachsens und
Werdens, des Vergehens. Ruhig und weise, ohne Urteil und
Bewertung, »ohne Arg«. Erlaubt sich Ausgeglichenheit,
Zärtlichkeit und Weichheit in einer Welt, wo harte Fakten
zählen und Durchsetzungsvermögen gilt. Kann Dinge und
Menschen so sein lassen, wie sie sind, ohne sie verändern
zu wollen. Greift nicht ein, übt Zurückhaltung, Demut;
verfügt über natürliche Anmut, sanfte Stärke, zarte Erotik,
eine durchsichtige, feingliedrige Schönheit und eine Nai-
vität, die schützt

12. Lebensaufgabe

Wie komme ich von dem unerlösten Pol des Vegetierens
zum erlösten Pol bewußter Naturverbundenheit?

13. Heilritual

Die Wiederverzauberung der Welt.

Magda, 50, langjährig in der Politik tätig, Karrierefrau,
erzählt:
»Obwohl mein Sohn nach der Trennung von meinem
Mann bei mir aufgewachsen ist, habe ich ihn eigentlich nie
so richtig verstanden. Er war ein verschlossenes Kind, als
Jugendlicher sperrte er sich in sein Zimmer ein und hörte
stundenlang Musik, kiffte, statt auszugehen, Kontakte aufzunehmen, sich in der Welt zu orientieren, sich für irgend
etwas zu interessieren. Ich dachte, das sei die Pubertät, und
später dachte ich, das seien die Folgen des Kiffens. Er
machte sein Abitur mit Ach und Krach und begann, Archi-

tektur zu studieren. Das erinnerte mich an seinen Vater, der war auch Architekt, doch schon seit langem ohne Aufträge, ein Verlierer. Ich begann meinen Sohn zu verachten, genauso wie ich meinen Mann nie wirklich geachtet hatte. Ich verstand einfach nicht, wie man sich so hängen lassen kann. Die Liebe meines Sohnes zur Natur habe ich auch nie verstanden. Erst jetzt dämmert es mir, und ich möchte mehr über diesen Gott der Pflanzen hören. Mein Sohn erzählte zwar, daß Marihuana ein heiliges Kraut sei, den Menschen gegeben, um sich mit den Kräften der Natur zu verbünden und die Erde zu achten wie eine Mutter, aber das nahm ich natürlich nicht ernst und dachte nur, daß er undankbar sei und zuallererst einmal mich als Mutter zu achten hätte. Jetzt, da ich im Tanz und durch die Berichte der anderen Gruppenmitglieder mehr über diese seltsame Naturverbundenheit erfahren habe, bin ich irgendwie sehr berührt. Ich erinnere mich plötzlich, daß ich mich in meinen Mann verliebt habe, eben weil er diesen Zauber hatte. Er hatte einen ganz besonderen, feinen Charme, den ich dann, als unsere Beziehung sich verschlechterte, darauf zurückführte, daß ich eben gerne Männer bemutterte und mich durch seine Unselbständigkeit angezogen fühlte. Jetzt, da ich mich an den Zustand der Verliebtheit erinnere, ist die ganze Welt miteinbezogen und verzaubert, so als wäre ich wieder ganz in ihrem Bann. Mir wird schmerzlich bewußt, wie ich all die Jahre in der Politik hart geworden bin und eigentlich bezugslos durch die Welt hastete, sorgfältig darauf bedacht, das Richtige zu tun. Nie erlaubte ich mir, einfach mal auszuspannen, irgendwohin zu fahren, einfach zu genießen, Bäume, Berge, Meer, Bäche einfach auf mich wirken zu lassen ... das alles erscheint mir jetzt als Verlust und Fehler, und ich weiß nicht, ob er noch gutzumachen ist. Ich ertappe mich immer wieder dabei, zu verhärten. Dann möchte ich bewußt nachgeben, weich werden. Wenn ich mich dabei ertappe, alles um mich herum und auch mich selbst mit Verachtung zu strafen, möchte ich innehalten; bewußt mich öffnen. Dann geht die Verachtung weg, über das vorbehaltlose Offensein der Sinne – hören, schmecken, riechen, tasten etc. – über eine verfeinerte Wahrnehmung kommt die Achtung wieder in mein Leben.«

GRÜN
Der Jägergott

NEUGIER
SPÜRSINN
ZIELSICHERHEIT
EHRGEIZ
NEID

1. Energiegestalt

Diese Energiegestalt ist innig verbunden mit der Welt, in der sie sich ausbildet, mit dem Wald. Sie antwortet auf die Reize einer unüberschaubaren Lebendigkeit, sie reagiert auf kleine Zeichen, auf minimale Veränderungen, auf Geräusche, Bewegungen, auf den reflektierenden Lichtertanz gleißender Flächen, die im undurchdringlichen Dickicht auftauchen und verschwinden, auf das Schattenspiel von Hell und Dunkel, auf das Vexierbild von Blättern und Zweigen, auf die Nähe von all den Tieren, die sich im verborgenen aufhalten und nur für die kurze Zeit, in der sie in Erscheinung treten, eine Zielscheibe bieten. Der Jäger muß locker sein, durchlässig für die Reize, die er nicht festhält, sondern traumwandlerisch zu deuten weiß, indem er instinktiv auf sie anspricht. Der Pfeil schnellt vom gespannten Bogen, findet im schwirrenden Flug sein bewegliches Ziel. Getroffen, erstirbt es, während der Wald weiter im Rhythmus lebendiger Unruhe atmet. Der Jäger atmet in dem Atem des Waldes, der Wind bringt Kunde von frischen Fährten. Die Spuren verlaufen sich wirr im Unterholz, aber der Wind zieht eine gerade Linie zwischen Jäger und Gejagtem, der Jäger braucht nur mit dem Wind gehen, leicht werden wie der Wind – nichts wollen, nichts berechnen, nichts vorhersagen oder beweisen müssen, nur fliegen wie der Pfeil, der abgeschossen wurde. Es ist ein Zustand zwischen den Welten, zwischen den Zielen, zwischen der Rollenverteilung, wer Täter ist und wer das Opfer.

2. Zeichengestalt

Es ist also ein Zwischenzustand, in den ich mich versetzen muß, um die entsprechende Zeichengestalt entstehen zu lassen. Sie ist schon entstanden, bevor ich den Strich ansetze, und sie wirkt noch fort, wenn ich den Bleistift vom Papier wegreiße, um das Unvollendete der Bewegung, den unsichtbaren Fluchtpunkt anzudeuten. Ich muß selbst zum Jäger werden, Witterung aufnehmen, Fährten nachsetzen, hektisch schnelle Wechsel einplanen, um jene Fahrigkeit der Linie zu gewinnen, die sich als flexible Qualität entpuppt. Nur indem ich mit allem rechne, vor allem mit Kreuzung und Wechsel, kann ich die Linie – die Fluglinie des Pfeils – herausschießen lassen, zitternd im Zug ihrer Entstehung. Und ich darf nicht ankommen, denn das würde den Strich schwer und endgültig machen, jede weitere Fortbewegung ersticken durch die Illusion, jemals ein Ziel gewollt und auch erreicht zu haben. Und dennoch muß die Linie stark sein, das Ziel durchbohren – der Pfeil muß im Opfer das Ende seiner Bewegung finden und dennoch die Bewegung des Zielens im Fluß halten, ungeachtet ihrer Erfolge. Sie sind nur vorläufig und führen nie zur Befriedigung, die Frieden ermöglicht. Immer ist Jagd, nie genug.

3. Archetyp

Läufer – Sportler – Spieler – Tüftler – Bastler – Wissenschaftler – Forscher – Detektiv – Journalist – Fährtengänger – Reiseführer

4. Metaphern

Spürhund, Bluthund, Blut lecken, Jagdinstinkt, auf der Pirsch, auf der Spur, Fährte aufnehmen, Wind bekommen, Lunte riechen, die Ohren spitzen, auf der Hut sein, Blut riechen, instinktsicher, flink wie ein Wiesel

5. Bewegungsgestalt

Geschmeidig abfedernd, sehnig, sich duckend und absto-
ßend im Sprung, das Spiel der Muskeln, beste Kondition
durch instinktsichere Koordination, tierhafte Bewegungen
wie hecheln, schnüffeln, schnuppern, schnauben, aufge-
blähte Nüstern, aufgestellte Ohren, rasche Kopfbewegun-
gen wie die eines Vogels

6. Physiologie

Alles verengt sich, um besser zu focussieren, alle Sinne
sind offen, wachsam, breitgestreute Aufnahmebereitschaft,
Hellhörigkeit, Nervosität, kann nicht untätig sitzen bleiben – die typische Unruhe, die uns im Frühling erfaßt

7. Ressource

Frühlingsgefühle auf der Instinkt-Ebene.
Im Frühling melden sich die Instinkte bei den Tieren und
auch bei den Menschen. Es sind Instinkte des Wachstums,
der Paarung und Befruchtung, des Nestbaus, der Platzver-
teidigung und Vertreibung von Rivalen. Eine nervöse, diffuse Energie erfüllt die Luft, die viele unruhig macht, ohne
eine Orientierung anzubieten. Vor allem wenn die Instinkte
nicht ausgelebt werden können oder wollen, ist die befrie-
digende Alternative oft nicht sofort bei der Hand. Daher ist
der Frühling auch die Zeit der Frustrationen, der Sehnsucht, der Nervosität und unkontrollierten Energieausbrü-
che. Für den Menschen stellt sich wie bei allen Unternehmen der Jagd – wozu auch die Paarung und Befruchtung
gehören sollen – die Frage, ob es um die Jagd als Jagd oder

um ein Ziel, das dahintersteht, geht. Ein solches Ziel kann die Befruchtung und Fruchtbarkeit, die Kreativität im übertragenen Sinn von Wachstum und Nutzen sein. Märchen und Legenden jedoch erzählen von der Tendenz zur Verselbständigung, die das Suchen, Sammeln, Jagen und Erreichen von Zielen in sich trägt. Kaum ist ein Ziel erreicht, lockt schon das nächste. Im Suchen lauert die Gefahr, süchtig zu werden. Dennoch ist kein Handlungsantrieb denkbar ohne dieses Element des instinkthaften Getriebenseins. Wollten wir mit unserem bewußten und kontrollierten Willen alles allein machen, würden wir viel zuviel Energie verlieren, denn der Wille ist eigentlich nur für Ausnahmefälle zuständig. Er tritt ein, wenn der Trieb oder auch die Lust versiegen. Wir sind also angewiesen auf unsere Triebe, die auch unsere Motivation und unsere Motive darstellen. Aus dem Unbewußten kommt jene Energie, die wir willentlich nie mobilisieren könnten – aus Lust wird weitaus mehr vollbracht als aus Pflicht. Jeder Lehrer weiß das und versucht, das Interesse, die Neugier der Schüler zu erwecken. Dazu muß es den Anreiz des Jagens geben, und das wiederum bedeutet: ein festes Ziel zu haben, das erreichbar ist, und der Wettstreit mit kompetenten Mitjägern, die das Eifern nach der Beute anfachen. Wir leben in einer Kultur, in der die jungen Gottheiten regieren. Der Jägergott, ein junger Gott, hat viel bei uns zu sagen. Das wirkt sich einerseits vorteilhaft für uns aus (Wettbewerbsfähigkeit, Ausdauer, Ehrgeiz und Engagement für eine Aufgabe, für ein Ziel), andererseits bringt es uns jedoch auch Nachteile (Suchtanfälligkeit, Ehrgeiz, Arbeitsversessenheit und Neid).

8. Verankerung im Körper

Diese Energiegestalt hat ihr Zentrum wieder im unteren Bereich des Beckens, vor allem am Ende des Steißbeins. Es ist jedoch, im Gegensatz zu dem vegetativen Energiezentrum, aktiv bestimmt. Es sendet Impulse aus, die zu instinktiven Handlungen führen und von Lust geprägt sind. Wenn ich meine Aufmerksamkeit und Innenwahrnehmung dorthin richte, spüre ich sehr bald ein Kribbeln und Jucken, ein Erwachen von Lust, die sich motorisch ausleben will. Ich möchte aufspringen und loslaufen, jagen. Meine Neugier, meine Lebenslust, meine Animalität sind geweckt. Ich fühle mich frisch und unschuldig, unbeschwert, ich gehe die Jagd neu an, ohne an alte Mißerfolge zu denken. Vielleicht spüre ich sogar dort, am Ende des Steißbeins den Fortsatz des alten Tierschwanzes wedeln. Vielleicht stellen sich unwillkürlich auch meine Ohren auf. Mein Körper ist jetzt ganz in Kontakt mit den unwillkürlichen Regungen und Reaktionen auf Sinneswahrnehmungen, die oft nicht einmal die Bewußtseinsschwelle ereichen. Ich bin also ganz in Kontakt mit der Ebene unbewußter Verhaltensmuster, die noch aus dem Tierreich stammen.

9. Verankerung im Alltag

Um mich bewußt an diese Ebene unbewußten Verhaltens anzuschließen, kann ich die Hand auf den unteren Rücken legen und in den Punkt am Ende des Steißbeins hineinspüren. Ich mache mir ein Bild von meinem unteren Rücken, der den oberen stützt und hält. Ich stelle mir die Wirbelsäule vor und lasse nun vor meinem inneren Auge eine Aufrichtung des Steißbeins geschehen, geradezu als sei es ein einziges wachsames Ohr, das sich wie bei einem Hund aufstellt. Eine sanfte Spannkraft durchläuft das Steißbein und das Kreuzbein und setzt sich bis in die obere Wirbelsäule fort, durchläuft den ganzen Rücken und verbindet die einzelnen Rückenbereiche ebenso wie Oben und Unten. Oft wird der Rücken ja als gebrochen und unbelebt erlebt. Nun aber erinnert er sich seiner Instinktsicherheit, mit der er sich selbst ins Lot bringt. Aus diesem Zustand ergibt sich eine hellwache Befindlichkeit des Bewußtseins, die zum Beispiel für die Meditation unerläßlich ist. Ich muß also beim Tier in mir beginnen, um zu einer belebten und lebenslustigen Aufmerksamkeit zu kommen.

10. Ausrichtung

Der Weg des Pirschens – Lernen durch Tun.
Das Pirschen ist eine uralte Kunst, die sich zur Zeit der Sammler und Jäger ausbildete und bis heute die Lebensausrichtung für angehende Schamanen darstellt. Elemente der Jagd verschmelzen mit den Aufgaben, die sich dem Bewußtsein stellen, wenn es in der schamanischen Welt tätig werden will. Es sind also Bewußtseinsaufgaben, die durch die Symbolik der Jagd definiert werden. Dabei ist es wichtig, die günstigste Ausgangsposition für die Annäherung an die Beute aufzufinden, und oft braucht dieser Vorgang schon einige Zeit. Nach der sorgsamen Vorbereitung kommt das Jagen selbst, das unbemerkte Anpirschen an die Beute, schließlich die Auswahl des Pfeiles im Köcher, der am besten für die Beute geeignet ist. Der Pfeil sollte rasch und lautlos sein Ziel erreichen, das Tier nicht leiden. In den indianischen Traditionen befanden sich verschiedene Pfeile im Köcher, deren verschiedene Einsatzmöglichkeiten bekannt waren. Auch die Herstellung und Wartung der Jagdinstrumente beinhaltete eine Kunst für sich: Das

Holz des Bogens sollte abgelagert und durch die Zeit abgehärtet sein, reif sein wie das geistige Bewußtsein des Jägers; die Sehne sollte sich straff spannen können wie die Emotionen des Jägers, die alle auf Wachsamkeit und schnelles, instinktsicheres Reagieren ausgerichtet waren. Die Hand des Jägers stand für den Geist, der den Pfeil auf das Ziel richtete. In unserem heutigen Leben in der modernen Zivilisation scheint es zunächst, als könnten wir auf die Kunst des Pirschens verzichten, aber die Tugenden von Geduld, Ausdauer, Sorgsamkeit und hellhöriges, aufnahmebereites Wachbewußtsein verleihen auch heute noch die Zielsicherheit, die wir im privaten Leben ebenso wie im Beruf gut gebrauchen können, wenn wir ans Ziel kommen wollen. Eine Verankerung dieses Bewußtseins in Ihrem Alltag können Sie erreichen, indem Sie ab und zu spielerisch experimentell den Zeigefinger strecken, als wollten Sie auf etwas Bestimmtes zeigen. Sie wissen nicht, was das ist, Sie wissen nicht, was das Ziel ist, das Sie suchen, um sich darauf zu beziehen und daran zu orientieren. Aber durch diese minimale Geste bringen Sie Ihren Körper in eine Haltung der Gespanntheit und Bewegungsbereitschaft, und Sie versetzen Ihr Unbewußtes in einen Prozeß des Suchens: Gesucht wird ein Ziel, für das sich der Einsatz, Ihr Einsatz lohnt. Vertrauen Sie Ihren unbewußten Suchprozessen, vertrauen Sie darauf, ein Ziel zu finden, für das es sich lohnt, auf Jagd zu gehen!

11. Pole

Unerlöster Pol:
Getrieben von Neugier, indiskret, Schnüffler, kennt keine Achtung und keinen Respekt, hat nur seine eigenen Interessen im Auge, rücksichtslos, unbedacht, unbewußt, getrie-

ben; motorisch, unruhig, hyperaktiv, dem dynamischen Aspekt eines Unternehmens verfallen, Hauptsache, es gibt wieder etwas zu tun; kann sich nicht mit sich selbst beschäftigen, hält Stille und Wartezeiten nicht aus; blinder Aktivismus, Schmalspurdenken, Tunnelvision, kurzsichtige und undurchdachte, spontane Entschlüsse; hektisch, rastlos, unkoordiniert; Gier und Sucht; unersättlich, ehrgeizig, verführbar; Beute machen um der Beute willen

Erlöster Pol:
Aufgeschlossen, wach und wachsam, instinktsicher, zielsicher, zielgerichtet; intelligent, lernbegierig, lernfähig, flexibel. Kann schnell umdenken und umdisponieren, sich neu motivieren und organisieren, ausrichten auf andere, neue Zielvorstellungen. Umdenken. Empiriker, der seine Hypothesen stets überprüft. Realist, der seine Vorstellungen von Wirklichkeit und Wahrheit stets neu abstimmt mit seinen Erfahrungen. Pragmatiker, der annimmt, was funktioniert, Bilanz zieht und die Konsequenzen seiner Ausbeute reflektiert.

12. Lebensaufgabe

Wie komme ich von dem unerlösten Pol der Gier und Sucht zu dem erlösten Pol der Lernfähigkeit?

13. Heilritual

Das Interesse wecken.

Peter, 31, Oberschullehrer erzählt:

»Meine Fächer sind Sport und Geschichte. Sport ist kein Problem, ich kann alle meine Schüler begeistern. Na ja, nicht alle, aber die meisten. Bei Geschichte ist es genau das Gegenteil. Die meisten schlafen ein, wenn sie nicht von vornherein schwänzen. Aber manche sitzen da und sind hellwach. Sie ertappen mich bei jedem Fehler. Ich muß mich genauso anspannen und fit sein, als ob ich einen Hochsprung mache oder lossprinte. Als die Mehrzahl der Schüler wegen Geschichte Probleme in der Schule bekam, fragte ich mich, was ich falsch machte. Ich untersuchte vor allem meine eigene Einstellung zur Geschichte. Ich bin ein leidenschaftlicher Sammler. Es hat mir immer Spaß gemacht, Daten zu sammeln, und das nennt man nun mal Geschichte. Natürlich ist es ähnlich wie mit dem aufgespießten Schmetterling: Er ist tot. Wie also kann man Geschichte lebendig machen? Man kann nicht einmal aus Geschichte lernen – ich zumindest halte dies für eine Illusion – denn es kommt immer anders, und Geschichte lenkt da nur ab vom Tagesgeschehen. Ich bin ein leidenschaftlicher Fußballspieler. Ich liebe es, das Dribbeln, und dann das kurz entschlossene Kicken. Und dann das Zusammenspiel, das Zuspielen des Balls. Ich fragte mich: Warum kann Geschichte nicht genauso sein? Klar, weil Geschichte abgeschlossen ist und wir darin nicht vorkommen. Wir können nicht mitspielen, wenn etwas vergangen ist. Aha, also muß ich die Geschichte in die Gegenwart holen. Aber wie nur? Als erstes plante ich Museums- und Theaterbesuche, übte auch Gedichte und Theaterstücke aus der betreffenden Zeit, die gerade durchgenommen wurde, ein. Dann

organisierte ich Feste, in denen man sich als Persönlichkeiten der Epoche verkleiden und entsprechende Dialoge
oder Monologe halten sollte. Alles sollte passen, die Musik,
das Essen, die Kostüme, die Manieren ... das war eine tolle
Idee, aber es kam nie zu ihrer Verwirklichung – es war
einfach zu aufwendig. Als nächstes kam ich auf die Idee,
mich selbst anders anzuziehen. Beim Sport hatte ich meine
Lieblingskleidung an, ziemlich poppig, grelle Farben und
bequem. Bei Geschichte zog ich einen Anzug an, der unter
den Achselhöhlen zu eng war und zwickte. Ich fühlte mich
nicht wohl in meiner Haut. Das änderte ich und kam nun
auch zur Geschichtsstunde im Sportdreß. Einmal war ich
gut drauf und dribbelte die ganze Zeit, während ich Daten
wie Vokabeln abfragte. Das ging gut. Darauf entwarf ich
Spiele, die als Frage-und-Antwort-Spiele arrangiert waren.
Ich erlaubte den Schülern aufzustehen und sich dabei zu
bewegen, während sie Antworten gaben. Der Lärm war
unbeschreiblich. Aber die Stimmung war gut. Und ich hatte
das Prinzip kapiert.

Schließlich hieß meine Stunde nur mehr: Das Quiz. Es
war eine Ehre, dabeisein zu dürfen. Keiner schwänzte. Im
Sportunterricht konnte ich die Leute, die sich als notorisch
unsportlich gaben, dazu motivieren, eine Geschichte des
Sports zu recherchieren, und siehe da, auch dies stieß auf
Interesse. Ein besonders ekelhafter Snob, der immer mit
seiner Brille kokettierte, gestand mir, er hätte Tanzstunden
genommen, um endlich mal zu wissen, um was es eigentlich ginge, wenn die Leute von körperlicher Bewegung
redeten. Das war der Hit – er tanzte uns ein Menuett vor
und erklärte, welche Bedeutung diese Tanzform früher
am Hofe hatte. Dafür befreite ich ihn auf lebenslang vom
Sport und schrieb ihm auch noch eine gute Note ein, so
daß er im Abitur die richtigen Noten für sein Stipendium
erhielt.

Ich hatte viel Spaß an der Schule, aber dann machte ich mich doch selbständig und leite heute Gruppen im Bereich der Sozialpsychiatrie. Das ist eine andere Geschichte, richtig, aber sie macht auch Spaß, weil ich nie mehr zwickende Anzüge tragen muß ...«

BLAU
Der Kriegergott

MUT UND TAPFERKEIT
ENTSCHLOSSENHEIT
KONTROLLE
KONZENTRATION
KALKÜL UND PLANUNG
TREUE UND KLARHEIT
GERECHTIGKEIT
AUFRICHTIGKEIT
WAHRHEITSLIEBE
DIENSTBEREITSCHAFT

1. Energiegestalt

Diese Energiegestalt unterscheidet sich von der des Jägers, indem sie zwar dieselbe Entschlossenheit und Spannkraft an den Tag legt, jedoch einen Schritt weiter geht. Ich merkte es an der Zeichnung, die von mir verlangte, nicht einfach einen gezielten Strich zu setzen, sondern geradlinige Verbindungen zu schaffen. Der Strich, der sein Ziel gefunden hatte, ging weiter, zum nächsten Ziel, zum nächsten Punkt, um sich bahnbrechend in die weiche Wirklichkeit des fließenden Schimmers einzugraben und tiefe Kerben zu hinterlassen. Diese Linien sind wiederum Verbindungslinien, aber diesmal vermitteln sie nicht zwischen Opfer und Täter, sondern zwischen Täter und Tat. Die Linien sind konsequent durchgezogen, erbarmungslos, gelenkt von der inneren Logik des Kalküls, des Plans und der Strategie. Sie schneiden sich durch alle Bedingungen, Ängste, Hindernisse, Hemmnisse und Bedenken, durch alle Widerstände hindurch. Ist der Plan einmal festgelegt worden, geht es nur mehr um dessen Ausführung. Es ist eine Arbeit mit Winkel und Lineal am Reißbrett, unbarmherzig. Es geht um die Ausführung eines Dienstes. Und dieser Dienst erfordert vollste Präsenz und Konzentration, höchste Beteiligung. Nichts an Energie und Gegenwart darf verlorengehen, sonst kann die Mission nicht glücken, und es ist alles umsonst. Alles muß aus einem Guß sein und in einem Zuge geschehen, wie dies nur der Fall ist, wenn große Leidenschaft am Werke ist und den Menschen in ihrer Schmiede gefangenhält. Hier aber ist Kühle notwendig. Kälte. Härte, die unverletzlich, unsterblich macht. Hier geschehen deshalb die größten Fehler, die sich am längsten im Gedächtnis der Menschheit bewahren werden.

2. Zeichengestalt

Um die entsprechende Zeichengestalt entstehen zu lassen, begebe ich mich in einen Zustand der Entschlossenheit. Meinetwegen beiße ich die Zähne zusammen. Ich weiß, ich werde mich durchbeißen müssen. Die Linien wollen entschieden und hart durchgezogen werden; Brechen, Absetzen, Anstückeln geht nicht. Es muß aus einem Zuge sein, aber um mehrere Ecken gehen. Die Gestalt muß schon fertig vor meinem inneren Auge stehen, so daß ich ihr durch den Strich lediglich Leben und Farbe verleihe. Der Plan ist schon da. Ich führe ihn aus. Ich erlebe dabei, was es heißt zu dienen.

3. Archetyp

Ritter und Gerechter – Held – General – ewiger Soldat – Söldner – Legionär – Killer – Der Arm des Gesetzes – Henker – Schlächter – treuer Diener

4. Metaphern

Auf Zack, auf Kommando, bei Fuß, im Einsatz, wie eine Eins; blinder Gehorsam, Gesetzestreue, ein Rädchen im Getriebe, Kanonenfutter, eiserner Wille, gestählte Muskeln, schneidige Haltung, Schneid haben, auf die Barrikaden gehen, Flagge zeigen, Farbe bekennen

5. Bewegungsgestalt

Schneiden und schlagen, durchtrennen

6. Physiologie

Ich fühle mich kühl und geschmeidig, die Muskeln sind gespannt, aber weich, ich fühle mich in die Länge gezogen, als sähe ich mich in einem konkaven Spiegel. An diesem Eindruck von Aufrichtung und vertikalem Ausstrecken über meine gewohnte Körperlänge hinaus bemerke ich, daß ich nun in einem Zustand bin, in dem es mir leichtfällt, nicht auf mir selbst hockenzubleiben, sondern entschlossen und voller Klarheit nach bedachter Planung und Berechnung meinen Willen durchzusetzen. In diesem Zustand fallen mir auch Handlungen leicht, die mir ansonsten peinlich, unbequem oder lästig wären. Es ist, als würde die leichte Kühle die Klarheit in mir unterstützen und verstärken. Mein Körper ist unter Kontrolle, meine Muskeln gut eingespielt, alles koordiniert und in Ordnung. Ich bin bereit.

7. Ressource

Die Kontrolle gewinnen und bewahren.
Alles unter Kontrolle zu haben gibt ein Gefühl, mit den Dingen fertig zu werden, das Leben aus eigener Kraft bewältigen zu können, ein gutes Selbstwertgefühl, das darauf beruht, dem Schreckgespenst der kindlichen Ohnmacht entronnen zu sein. Sich ohnmächtig und hilflos zu fühlen ist erniedrigend und deprimierend. Nur wenige Menschen haben die innere Stärke, mit einer Situation vollkommener Ohnmacht und Hilflosigkeit umgehen zu können und dabei ihre Selbstbeherrschung, ihre inneren Werte und Toleranz zu bewahren. Die meisten verfallen in das Extrem der Bewältigung und wenden Gewalt an. Gewalt entsteht aus Angst. Es ist die Angst vor dem Chaos, das Menschen in blindwütige Gewalt und gewalttätige Aktionen treibt. Die

Ordnung, die hergestellt wird, ist eine Ordnung der Gewalt, die von außen aufgezwungen wurde. Dazu gehört die körperliche Gewalt, aber auch die Gewalt des Geistes, der sich durch Konzepte und Ideologien seine Ordnung verschafft. Konzepte werden erarbeitet, um dem Chaos wirkkräftig entgegenzutreten, einen Punkt zu machen, Grenzen zu setzen, Neuland zu gewinnen, Menschen zu führen, aber auch zu beherrschen und gleichzuschalten. Die Kraft, die der Kriegergott verleiht, kann zum Guten wie zum Schlechten angewandt werden. Wichtig ist, sich immer wieder zu vergegenwärtigen, aus welchen Motiven der Kriegergott handelt. Er tut dies aus Angst, vom Chaos verschluckt zu werden. Es ist die Angst, vom Wuchern des Frühlings, dem wilden Ausschlagen und Treiben überwältigt und ausgelöscht zu werden, es ist die Reaktion auf den Frühling, auf das organische, vegetative, sinnliche Wachstum, das sich in der natürlichen Außenwelt wie auch in der Natur der Menschen abspielt. Dagegen hilft nur straffe Organisation, kühle Planung und eiserner Durchsetzungswille. Wir erkennen, daß dieser Gott, der ein junger Gott ist, gerade in unserer westlichen, fortschrittsgläubigen Gesellschaft mit ihrem Jugendkult Vorrang hat.

8. Verankerung im Körper

Diese Energiegestalt, die in unserer Kultur geradezu sehr beliebt ist und besonders gefördert wird, findet in dem Intellekt und in der Ratio ihr Motiv. Vernunft und Verstand wiederum werden mit Sprache assoziiert und diese wiederum mit der Kehle, so daß der Kehlbereich als Energiezentrum für intellektuelle Funktionen des Erfassens, Beherrschens, Überwachens, Planens und für vernünftiges Handeln gilt. Hier ist energetisch das angesiedelt, was wir umgangssprachlich mit Kopf bezeichnen: eine rationale Einstellung zum Leben, die der emotionalen Einstellung, dem Herzen, entgegengesetzt ist. Die belegte Stimme, der Kloß im Hals können Hinweise auf Inhalte sein, die nicht ausgesprochen werden sollen. Das Räuspern signalisiert Peinlichkeit und Hemmung, Unklarheit des Denkens kann sich lautmalerisch im Faseln und Nuscheln der Sprache zeigen, ebenso wie in langen, umständlichen oder auch nicht abgeschlossenen Sätzen. Unentschiedenheit spiegelt sich in der Sprachmelodie, die etwas Zögerndes, Verdrucktes oder auch Auseinanderfließendes, Aufgelöstes haben kann.

Deshalb empfiehlt es sich, die Stimme zu befreien und die Sprache auch als aufgeschriebenen Text zu formulieren, um sich über die eigenen Gedanken klarzuwerden. Aussprache und Austausch gehören zu den ältesten und bewährtesten Mitteln der Klärung. Diese kann auch auf körperlicher Ebene in Form von Pflege von Atem und Stimme angegangen werden.

Die motorische Antriebskraft, die den Gedanken in die Tat umsetzt, ist der Vorderseite und Mitte des Rumpfes im Bereich des Sonnengeflechts zugeordnet. Wir können uns vorstellen, daß unser Wille von dort ausstrahlt und Einfluß nimmt. In diesem Falle der geplanten und gewollten Taten nimmt der Wille die Form eines Laserstrahls an, der sich durch alle Hemmnisse und Widerstände hindurch einen Weg bahnt. Schließlich wird Ihr motorisches Zentrum im unteren Bereich des Rückens aktiviert, das sich an seine muskulöse Beweglichkeit erinnert. Alle drei Komponenten, die intellektuelle, die emotionale (und deshalb motivierende und mobilisierende) und die motorische Energie müssen zusammenkommen, wenn Sie einen Plan ausführen wollen. Die Verankerung im Körper geschieht also vorne in Kehle und Bauch und hinten im unteren Bereich des Rückens.

9. Verankerung im Alltag

Sie können die Klarheit des Ausdrucks und die Kraft des Willens als Programm abrufen, indem Sie eine kleine, unauffällige Geste einüben und mit der Vorstellung aufladen, Ihr Wille sei unaufhaltbar: Sie strecken die aneinandergefügten Finger Ihrer Hand aus, so daß eine Handkante entsteht und an die Schneide eines Messers erinnert. Die Geradlinigkeit bahnt den Weg, die Dehnung und Streckung der Muskeln bewirken die Erinnerung an ihre motorische Fähigkeit der willkürlichen, kontrollierten und koordinierten Bewegung. Nun können Sie diese Geste mit einer Bewegung des Schneidens, Hackens, Schlagens und einem lauten und deutlichen Ausruf – Huh oder Hoh – kombinieren, wobei Sie den Schlag und den Ausruf mehrmals wiederholen, bis Sie das Gefühl haben, sie »sitzen«. Wenn Sie sich in die Qualität dieser Energie einstimmen wollen, schauen Sie sich Filme mit östlichen Kampfsportarten an. Oder nehmen Sie selbst an einem Training für solche Bewegungstechniken teil.

10. Ausrichtung

Der Weg der Bewältigung.
Es ist wichtig für ein Kind zu lernen, was es selbst tun kann, um der Angst und Ohnmacht entgegenzutreten. In der Bewußtseinsgeschichte des Menschen, die sich in Mythen und Symbolen offenbart, hören wir von fabelhaften Helden, die auftreten, wenn die Not am größten ist. Meist ist es ein Drache, der das ganze Land bedroht. Der Drache steht, tiefenpsychologisch gesehen, für das Unbewußte, das das erwachende Bewußtsein zu verschlingen droht. Dieses verschlingende Unbewußte nimmt oft auch die Gestalt eines

Menschenfressers, einer bösen Mutter an, welcher sich das noch kindliche und schwache Bewußtsein ohnmächtig ausgesetzt fühlt. Wenn der Held kommt und siegt, kehren sich die Verhältnisse um: Der Held heiratet die bedrohte Prinzessin, übernimmt das Königreich und gründet Städte. Zuerst mit dem Schwert und danach mit den Instrumenten des Aufbaus. Mit Plänen, Verordnungen, Gesetzen tritt er an gegen die chaotische Unordnung, die sich in der wilden, undomestizierten Natur präsentiert. Die Bedrohung ist gebannt, die Aufgabe bewältigt. Nun käme eine Zeit, da der Held fruchtbar werden, Kinder in die Welt setzen könnte. Doch wie die Märchen uns belehren, warten weitere Aufgaben auf ihn, in denen er irgendwann einmal umkommt. Ein Held, der im Bett als gütiger weiser Mann stirbt, muß noch erfunden werden. Vielleicht stehen wir jedoch, der Gewalt durch all die Bewältigungsversuche überdrüssig geworden, kurz vor einer solchen kollektiven Erfindung. Dem patriarchalen Weltbild der Bewältigung steht schon ein neues Weltbild der sanften Beeinflussung, der organischen Entwicklung und der friedlichen Konfliktlösungen entgegen.

11. Pole

Unerlöster Pol:
Fremdgesteuert, autoritätshörig, Befehlsempfänger, kaltblütig, ohne Gewissen, zwanghaft, kleingeistig, unterwürfig, unverantwortlich, dem Auftrag verpflichtet, ohne eigene Meinung und ohne Stellungnahme zum Auftrag, beschränkt; blinder Gehorsam; geistige Trägheit bei körperlichem Drang nach Betätigung, nach Machtausübung bis hin zur Gewalttätigkeit. Liebe zu einfachen Sachverhalten, Ausgrenzung oder Vernichtung von komplexen Angelegenhei-

ten, der Liebe zur Klarheit und Eindeutigkeit willen. Gebündelte Energie, die durch alle Widerstände hindurchschneidet wie das Schwert von Alexander dem Großen durch den Gordischen Knoten. Keine Konfliktfähigkeit, keine Geduld, kein Eingehen auf andere und ihre Bedürfnisse. Geht über Leichen.

Am wichtigsten ist es jedoch, sich immer wieder zu vergegenwärtigen, daß sich der Krieger meistens aus Angst auf den Kriegspfad begibt. Er handelt in Reaktion auf etwas, was ihn bedroht. Er versucht, die Kontrolle, die Oberhand über das Geschehen zu bekommen. Er ist also darin nie kreativ, nie schöpferisch oder fruchtbar – dies haben die Feministinnen in ihrer Kampagne gegen den Krieg als den Ausdruck von falsch verstandener Männlichkeit immer wieder betont.

Erlöster Pol:
Aufgehen im Werk und im Dienst, rückhaltlos und ohne auf den Eigenverdienst zu achten. Handeln um der Sache willen. Mut, Zähigkeit, Ausdauer, Konzentration und Konsequenz, Treue zu sich selbst und zum Herren. Loyalität, Solidarität, Integrität. Vertritt die Gerechtigkeit und wird zum Rächer oder Strafvollzieher, wo andere sich scheuen, die letzte Konsequenz zu ziehen. Das wichtigste jedoch ist der Schritt von reaktionären, ängstlichen Handlungen zur couragierten Initiative. Das fordert Verantwortungsbewußtsein und beweist Mut. Das unterscheidet auch den Mut von der Tapferkeit, die sich noch weitgehend an den von außen auferlegten Bestimmungen orientiert. Hier, im Bereich des Verständnisses eines erlösten Kriegertums, kann sich auch Zivilcourage entwickeln. Ebenso braucht es die aufopfernde und ausdauernde Dienstbereitschaft eines solchen Kriegers, um Kunstwerke in die Welt zu setzen oder auch eine Familie zu gründen und durch schwere

Zeiten zu bringen. Das betrifft beide Geschlechter – es gibt Krieger und Kriegerinnen.

12. Lebensaufgabe

Wie komme ich vom unerlösten Pol des fremdbestimmten, ängstlichen und reaktionären Gewalttäters zum erlösten Pol des verantwortungsbewußten Helden, der die Initiative ergreift und die Führung übernimmt, wo es notwendig ist?

13. Heilritual

Klarheit schaffen.

Heinz, 46, Therapeut, erzählt:

»Wenn ich völlig verwirrt bin, sehe ich folgendes als innerliches Bild: Da sind trübe, schlammige Farben, Graugelbgrün, die Schlieren ziehen. Ein einziger Sumpf, der mich herabzieht. Ich sehne mich nach einem blauen klaren Himmel, nach der frischen Luft in den Bergen. Und während ich mich danach sehne, denke ich daran, stelle ich es mir vor, und plötzlich steht dann der Eindruck von Klarheit vor mir und ist mir ganz gegenwärtig. Etwas in mir hat sich geklärt. Es ist dies nicht auf der Ebene der Inhalte geschehen, denn um mich herum ist noch immer ein Durcheinander, vieles nicht erledigt, nicht gelöst, nicht geordnet, nicht bewältigt. Aber das überwältigt mich nicht mehr. Ich bin ruhig geworden. In mir hat sich der Himmel aufgeklart, das Wetter ist umgeschlagen. Nach einem heftigen Sturm haben sich die Wasser gefiltert und geklärt, sie haben zu ihrer ursprünglichen klaren Farbe zurückgefunden. Die Klärung hat auf der Ebene von Farben stattgefunden, und das ist eine Ebene, in der ich unmittelbar an Schwingungen und Stimmungen, an Energien angeschlossen bin. Ich kann es sogar körperlich fühlen. Kaum stelle ich mir den klaren tiefblauen Himmel vor, löst sich etwas in den Stirn- und Nebenhöhlen und fließt ab. Verwirrung äußert sich bei mir körperlich oft in einem ›Verschnupftsein‹; ich ›habe die Nase voll‹; ›ich kann es nicht mehr sehen‹ – die Augen neigen zur Entzündung. Das Blau bringt da sofortige Erleichterung. Es ist für mich wichtig, gleich wenn ich Verwirrung wahrnehme, die Unordnung nicht anstehen oder sich anhäufen zu lassen, weil ich sonst leicht in einen Zustand der Ohnmacht und Hilflosigkeit komme. Dann möchte ich am liebsten alle Entscheidungen den anderen überlassen, weil ich mich selbst dazu zu schwach fühle. Das wiederum kränkt mein Selbstwertgefühl und macht mich wütend. Ich werde rabiat, aus Wut über mich selbst. Die Wut richtet sich auf die anderen, die es mit mir so weit haben kommen lassen. Gewalt entsteht genau an diesem Punkt. Das Blau, das dem Kriegergott zugeordnet ist, hat auf mich den positiven Effekt der Beruhigung. Ich bin froh, die Fähigkeit des Planens und Vordenkens zu besitzen. Sie macht mich selbständig und unabhängig.«

PERLMUTT
Die Göttin der Weite

RUHE
ÜBERLEGENHEIT
HOCHMUT
GLEICHMUT
GELASSENHEIT
TOLERANZ
MITGEFÜHL

1. Energiegestalt

Diese Energiegestalt ist wie eine Antwort auf die vorhergehende: Wo jene sich eng, hart und geradlinig ihren Weg bahnte, ist diese weich und weit und schwingt in großen Wellenbewegungen. Kein Stimmungswechsel könnte größer sein. Es herrscht plötzlich ein mildes Klima, der Wetterumschwung bringt zarte Farben, die sich in der Weite aufzulösen scheinen. Die Konturen werden blasser, die Qualität von Raum kommt in den Vordergrund. Der Atem selbst wird weit und gelassen.

2. Zeichengestalt

Um die entsprechende Zeichengestalt entstehen zu lassen, achte ich auf meinen Atem und lasse ihn größer, weiter werden, als dies mein sonst so hektischer Alltag mir erlaubt. Ich erinnere mich wieder an den Horizont meines Daseins und verspüre, wie ich an diese Grenzen gehe. Weitere Horizonte eröffnen sich da, an der Schwelle zum Nichtsein, zur Auflösung meiner gewohnten Identität und Persönlichkeit, an der Schwelle zum Unbekannten. Ich sehe plötzlich die zwei Seiten der Wirklichkeit: diejenige, an der ich aktiv beteiligt bin und die ich mir erschaffen habe, die ich ständig erhalte und neu aufbaue, wo sich auch Löcher oder Risse zeigen; und die andere Wirklichkeit, die ich passiv wahrnehmen kann, wenn ich zulassen kann, daß nicht alles unter meiner Kontrolle oder auch in meiner Verantwortung steht. Das macht mich gelassen – ich darf die Welt und mich selbst so zulassen, wie sie wirklich ist. Ich kann ausruhen, mich zurücklehnen, mich der stillen Betrachtung übergeben. Gleichzeitig aber kann ich mich nun von Strömungen erfassen lassen, deren Bewegung ich sonst nicht wahrnehmen würde: Es sind die großen emotionalen Bewegungen, die unterirdisch auf das Bewußtsein des Menschen Einfluß nehmen, ohne jemals direkt sichtbar zu werden. Von diesen Bewegungen lasse ich mich führen, während der Stift in meiner Hand ihnen folgt wie Schwärme von Fischen ihrem inneren Programm (ihrer inneren Uhr, ihren inneren Richtlinien). Es sind Linien, wie wir sie aus Wetter- und Meereskarten kennen. Sie legen ein annäherndes Maß an große Strömungen, ohne sie je ganz genau treffen zu können.

3. Archetyp

Große Mutter – Mutter aller Wesen – Königin des Meeres – Königin der Nacht – Sophia – Die Weisheit – Maria – Der Schoß – Die Göttin und ihr Mysterium

4. Metaphern

Die Gedanken sind frei, die Phantasie kennt keine Grenzen, den Möglichkeiten sind keine Grenzen gesetzt, langer Atem

5. Bewegungsgestalt

Es ist ein Wirbeltanz und zugleich ein Kreisen um eine unsichtbare Mitte, ein Umkreisen des toten Punktes, des blinden Flecks. Es ist eine Bewegung, die alle anderen Bewegungen aufhebt, auflöst, sie in sich aufnimmt, absorbiert und damit neutralisiert. Es ist eine magische Bewegung, die die Bewegungslosigkeit beschwört. Manchmal wirkt es so, als ob man wilde Bewegungen auf dem Bildschirm sieht, und der Ton ist abgeschaltet – die Dimensionen sind plötzlich verschoben, die Wirklichkeit ist in Frage gestellt. Die Welt scheint aus den Angeln gehoben – anstrengende Bewegungen wirken federleicht, Kräftepotentiale werden, ohne mit der Wimper zu zucken, freigesetzt. Es ist wie im Traum: Bewegung und Funktion stehen nicht mehr im gewohnten Verhältnis. Ich laufe weg, und es zeigt sich, daß es ein Hinlaufen war. Ich laufe auf etwas zu, und es entfernt sich, je mehr ich mich anzunähern glaube. Der Verlust von Orientierung bewirkt fieberhafte Suche nach Halt, und das Ergebnis ist Anhalten, Innehalten. Und da zeigt es sich, daß ich angekommen bin.

6. Physiologie

Es ist, als ob alle Blockaden und Barrieren, die die Angst aufgerichtet hat, nun überwunden würden, und dies geschieht in einem Prozeß des kühlen Abschmelzens, Abfließens, Strömens: Der Atem hat sich beruhigt. Er geht ruhig und beständig. Die Sicht wird weit, die Augen erfassen am Rande des Sehfeldes neue Perspektiven, die schimmernd und verschwimmend übergehen in den Horizont selbst. Ich merke, daß ich in einem unerklärlichen Zustand der Gelassenheit und Ruhe bin, indem ich mich im Auge des Wirbelsturms fühle. Um mich herum ist Wirbel und Unruhe, ist Angst. Ich reagiere aber nicht, scheine wie abgeschnitten und unter einer Dunstglocke zu sein und bin dennoch hellwach. Ich fühle mich seltsam geistesgegenwärtig, gefaßt, und dennoch, als würde ich selbst keine Kontur und auch keinen Kern besitzen und gleich zerfließen. Aber meine Poren sind verschlossen, die Durchblutung minimal, alles in mir hat sich nach innen gezogen, der Außenwelt entzogen. Ich bin am Rande der Auflösung, kühler Kopf, Silberblick in den Augen, ein wenig bleich, starr, maskenhaft, was unnahbar und rätselhaft wirkt. Das ist aber nur das äußere Erscheinungsbild. Innerlich spüre ich den Schutzmantel, der sich um mich gelegt hat, die lindernde Kühle. Es ist, als ob ich statt Ausstrahlung eine Abstrahlung verbreite – ohne ein Wort zu sagen, ziehe ich Grenzen um mich, mache mich unangreifbar. Dieser Schutzraum gibt mir die Möglichkeit, meinen Kern, meine Mitte, mein Gleichgewicht zu finden. Es ist eine Phase der Schonung und Regeneration. Alle Aktivitäten, die mich da herauszureißen versuchen, laufen ins Leere, ins Nichts. Sie verlaufen sich im Zwischenraum, der durch Defokussierung, durch Auflösung der fokussierten und zweckgerichteten Orientierung entsteht.

7. Ressource

Momente der Einsicht.
Sicher kennen Sie Momente in Ihrem Leben, da Sie das Gefühl hatten durchzublicken. Die Schleier der Vordergründigkeit, die Ihnen bislang einen weiteren Ausblick versperrten, waren wie weggeblasen, und die Sicht erstreckte sich bis zum Horizont. Sie sahen ganz klar: Sie sahen, was sie zu tun hatten und worauf es Ihnen ankam im Leben. Und dann, von einem Moment auf den anderen, war diese Dimension der Weite wieder vorbei, und Sie fühlten sich beengt, gefangen, verstellt, verklemmt, uneigentlich und unwesentlich. Gehen Sie zurück an diese Momente, in denen die Stimme der Intuition für Sie hörbar war. Oft erinnern Sie sich daran, wenn Sie eine Entscheidung getroffen haben, die sich später als die falsche herausgestellt hat, und Sie bereuen, Ihrer inneren Stimme, die Ihnen die richtige Entscheidung nahelegte, nicht gefolgt zu sein. Erinnern Sie sich, wie diese kurzen Momente sich anfühlten,

und woran Sie – wenn auch später oder dann, wenn Sie meinen, daß es nun zu spät sei – bemerkten, daß Sie sich in diesem Zustand der Einsicht befanden. Sie werden dann das nächste Mal hellhöriger und wachsamer sein und die Momente anders einordnen können.

8. Verankerung im Körper

Diese Energiegestalt findet ihr Zentrum in der Stirn, wo die Intuition wohnt. Hier werden Visionen wahrgenommen und mediale Fähigkeiten entwickelt. Es geht um ein Sehen bis an den Rand des Sichtbaren und darüber hinaus. Um dieses Zentrum zu aktivieren, legen Sie eine Hand auf Ihre Stirn, und stellen Sie sich vor, wie die Schläfen angenehm kühl werden, ein leichter Wind über sie streift und wie Ihnen in der Mitte Ihrer Stirn ein Licht aufgeht. Die Farben sind helle Nuancen von Blau und Silber und fühlen sich lindernd und entspannend an. Sie spüren die Wirkung an der unmittelbaren Gelassenheit und Ruhe, die in Ihnen eintritt.

9. Verankerung im Alltag

Sie können Ihre intuitiven Fähigkeiten stärken, indem Sie öfters am Tag in Ihren alltäglichen Handlungen innehalten, die Hände auf die Augen legen und sie ausruhen lassen. Die Augenmuskeln können sich entspannen, die Augäpfel liegen in ihren Höhlen und werden von ihnen getragen. Wenn Sie nun die Hände wegnehmen und die Augen öffnen, fühlen sich die Lider schwer an, und der Blick ist für eine kurze Weile weich und weit. Er schweift, fließt, geht mit den Dingen mit, anstatt sich an ihnen festzuhalten. Halt finden Sie durch die Verwurzelung Ihrer Fußsohlen mit dem Boden. Für eine kurze Weile atmen Sie in Ihre Fußsohlen und stellen sich vor, wie Sie einerseits vom Boden getragen, andererseits von ihm genährt und gestützt werden. Sie atmen in den unteren Bauch und geben den feinen Schwankungen nach, die Sie durchströmen.

10. Ausrichtung

Der Weg des Vertrauens.
Vertrauen soll hier heißen: sich tragen lassen. Dazu braucht es ein feines und sicheres Gespür für das, was wirklich trägt und einen zuverlässigen, tragenden Grund bildet. Sehr bald kommen wir bei unserer Suche danach in Bereiche, die jenseits unserer alltäglichen Wahrnehmung und auch jenseits der alltäglichen Interessen liegen, denn im Alltag sind wir meist mehr damit beschäftigt, vorläufige Lösungen zu finden als auf ewige Werte zurückzugreifen. Wir kommen hier also in einen Bereich der inneren Bilder und inneren Stimmen, die sich nicht mit den alltäglichen Sorgen und Kümmernissen auseinandersetzen, wenngleich sie gegenwärtige Situationen sehr präzise einschätzen können. Sie machen sich als Vorahnungen und Eingebungen bemerkbar, werden aber oft nicht beachtet, da logische Gründe und ängstliche Berechnungen ihnen das Wort nehmen. Sie haben jedoch mit all dem zu tun, was sich in unserer Tiefe als wesentlich zeigt – als das, worauf es uns ankommt und worauf wir setzen: das, worauf wir vertrauen und von dem wir uns tragen lassen. Erst nach dieser Rückbesinnung auf das Wesentliche ist tiefe Entspannung möglich, indem die vorläufigen Spannungsmuster, die durch die Angst hervorgebracht wurden, losgelassen werden können.

»Hinter den Schleier blicken, ohne ihn zu zerreißen.«
Der Weg des Vertrauens führt zurück zum Ursprung jeder
Bewegung und hebt alle Bewegung auf. Der Weg führt
zurück zu seinem Ursprung und hebt sich selbst auf. Anfang und Ende treffen sich in dem Punkt, in dem sich der
Kreislauf schließt, sich das Lineare zugunsten des Zykli-
schen aufhebt. Bewegung ist, als wäre sie nie gewesen, ein
gesammeltes Zur-Ruhe-Kommen.

11. Pole

Unerlöster Pol:
Grenzenlos, haltlos, mütterlich übergreifend, eingreifend,
mitmischend, sich anmaßend, auch ungefragt Einfluß auf
alles und jeden haben zu wollen. Überschwappend ohne
Abgrenzung, beherrschend auf einer subtilen Ebene, über-
mächtig. Verführend, überwältigend, sich an keine Abma-
chung und Grenzsetzung haltend. Fließend wie Wasser,
aushöhlend, abstumpfend, die Luft abwürgend. In Träu-
men regressiv rückwärts gewandt und andere dazu verlei-
tend, das Leben aus der Perspektive unerfüllbarer Wünsche zu betrachten; rauschhaft, in Sehnsucht und
Wunschdenken gefangen, durch unbewältigte Emotionen
aufgewühlt; unklar, wirr, trüb

Erlöster Pol:
Gelassen angesichts großer Gefühle, souverän, edel und
elegant; großmütig, verständnisvoll, intuitiv, die gewohnten Grenzen von Denken, Fühlen und Handeln überschrei-
tend, außergewöhnlich begabt und visionär geleitet

12. Lebensaufgabe

Wie komme ich vom unerlösten Pol der Sehnsucht als Hemmung zum erlösten Pol der Sehnsucht als innere Führung?

13. Heilritual

Den Rahmen weiter fassen.

Sylvia, 39, Mutter und Hausfrau, hatte einen schweren Unfall, der ihr ganzes Leben veränderte. Der Schock begleitete sie noch lange Zeit und wurde ihr, wie sie selbst sagt, zu einem nahestehenden Freund. Sylvia erzählt:

»Wenn ich heute über meinen Unfall nachdenke, so sehe ich, daß er geradezu ein Geschenk war. Der Schock hat mich aus der Verschlafenheit meines Daseins gerissen. Er hat mich gelehrt, zu tieferer Einsicht und größerem Verständnis zu kommen, zu Geduld und zu der Bereitschaft, die Dinge geschehen zu lassen, zu finden. Er hat mich weiter gelehrt, zur Gewißheit zu gelangen, geführt zu werden, und ebenso, die innere Führung anzunehmen, in eine Phase oder einen Raum überzuwechseln, wo ich vertrauensvoll warten kann, bis meine innere Stimme mir deutlich sagt, wann und wie ich reagieren soll.

Als ich auf der Autobahn ins Schleudern und Trudeln geriet, hatte ich eigenartigerweise keine Angst. Eine Geistesgegenwart, eine Unmittelbarkeit und Schärfe der Wahrnehmung überkamen mich, die ich vorher nicht gekannt hatte. Alles schien sehr nah und gleichzeitig sehr weit weg, als hätte ich nichts damit zu tun. Es war aber auch nicht so, daß ich mich selbst beobachtete. Vielmehr war ich in etwas gehüllt, was Nähe und Ferne zugleich war und mich davor bewahrte, auszurasten, mich zu verausgaben, zu erschöpfen. In meinem Alltag hatte ich oft das Gefühl, auszulaufen. Hier kam also die Antwort, wie es anders ging: Mitten in der Gefahr fühlte ich mich ganz bei mir. Ganz ruhig, als wäre eine lebenslange Bewegung endlich zur Ruhe gekommen. Ich hatte einen kühlen Kopf. Etwas verdichtete sich in mir. Aber es war nicht das Dichtmachen, um sich abzuschotten, sondern es war eine Formfindung, als hätte ich jetzt erst meine eigentliche, meine unzerstörbare ganz eigene Form gefunden, während es mir durch den Kopf ging, daß ich vielleicht sterben könnte. Es war merkwürdig, eine Grenzerfahrung im wahrsten Sinne des Wortes, denn ich befand mich in einem Schwellenzustand, an der Schwelle zum Unbekannten – dem ich jedoch bedingungslos vertraute. Der Schock, der später eintrat, verlängerte diesen Ausnahmezustand, so daß bald mein ganzes Leben als ein einziger Ausnahmezustand erschien. Alles war neu, war ungewohnt, war köstlich und nervend, war eine Überflutung an Reizen, von denen ich immer noch durch diesen Schutzraum getrennt war. Und alles war mir weit weg, wobei mir alles naheging. Die Wirklichkeit schien gleich bei der Haut zu beginnen, aber sie verletzte mich nicht. Ich war in einem Zustand, in dem ich mich selbst sein lassen konnte. Zum ersten Mal seit langem wollte und mußte ich mich nicht verändern, um mein Selbstwertgefühl zu bewahren. Es war schon immer dagewesen, und jetzt wurde ich mir dessen bewußt. Tiefe, klare, hellblaue und kühle Ruhe ...Vordergrund und Hintergrund kommen zusammen ...«

WEISS
Der alte Gott,
der sich selbst vergibt

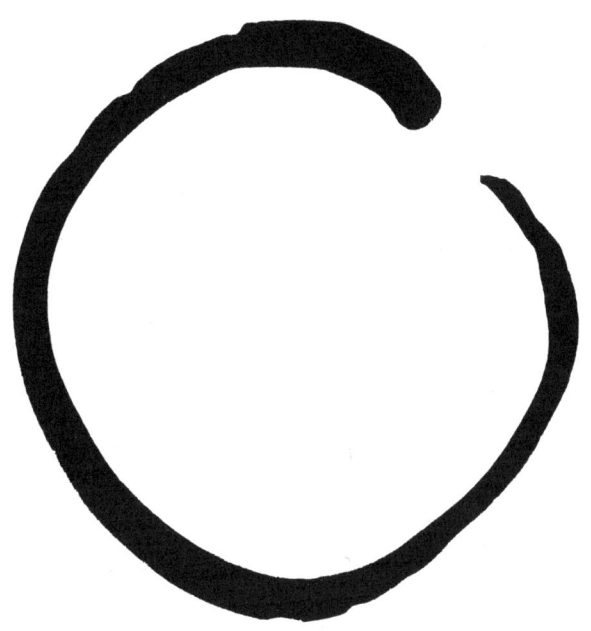

WEISHEIT
REIFE
FRIEDE
MITGEFÜHL

1. Energiegestalt

Diese Energiegestalt ist die letzte in unserem Farbkreis der Gefühle, und sie ist kaum mehr als Gestalt zu fassen und zu beschreiben, so verfeinert ist ihre Struktur. Sie nährt sich kaum noch aus der Kraft der Gefühle und geht schon mehr über in den Bereich des Wissens und der Weisheit. Dennoch setzt sie den Durchgang all der vorhergehenden Gefühlsschattierungen voraus, um ihre vollkommene Form zu erlangen. Nichts darf ausgespart, ausgegrenzt, übergangen und verdrängt werden. Alles gehört dazu. Alles trägt zu einem umfangenden und umfassenden Bewußtsein bei. Wieder haben wir es mit einem Endzustand zu tun, der dem Zustand des Schwarzen genau entgegengesetzt ist. Doch statt der roten Explosion, die der schwarzen Implosion folgt, finden wir hier Reflexion vor. Weiß reflektiert das Licht, statt es, wie das Schwarz, aufzuschlucken und zu absorbieren. Im Weiß sind alle Farben enthalten, ebenso wie im Schwarz, jedoch auf eine besondere Weise: Die Farben heben einander gegenseitig auf. Sie bestehen weiterhin, und sie bestehen sogar nebeneinander, ohne einander gegenseitig zu übertrumpfen, aber sie gehen in die große Einheit des Weißen ein. Ihre Vielfalt ist noch da, doch nicht mehr sichtbar. Das Weiß ist der Ursprung aller Farben und spiegelt gleichzeitig das Bild einer endgültigen Aufhebung von Trennung und einer endgültigen Vereinigung wieder – wir alle haben dieses Bild in unserem Unbewußten gespeichert und kennen, mehr oder weniger bewußt, die Sehnsucht nach solcher Vereinigung.

2. Zeichengestalt

Wie aber soll ich nun eine solche Gestalt, die keine Gestalt mehr ist, in ein Zeichen umsetzen?

Der leere Kreis scheint mir am besten dieser Verfassung, die keine Fassung hat, dieser Stimmung ohne bestimmte Gefühle, diesem Raum jenseits der Inhalte, dieser Leere jenseits von Raum zu entsprechen. Ich lasse die Stelle leer und umrunde sie mit einem Kreis, weil der Kreis diejenige geometrische Gestalt ist, bei der alle Punkte der Peripherie gleich weit entfernt sind vom Mittelpunkt. Dieses Gleichmaß der Verhältnisse überträgt sich sofort auf das Unbewußte, das sich auf Frieden einstimmt.

3. Archetyp

Der alte Mann – Der Weise – Der gute Vater – Friedensfürst – Buddha – Christus

4. Metaphern

Das Zeitliche segnen, seinen Frieden machen, seinen Frieden finden, der innere Friede

5. Bewegungsgestalt

Um diese Gestalt in ihrer typischen Bewegung besser erfassen zu können, ist es gut, den Tanz, in dem sie sich zeigt, zu beschreiben. Nicht umsonst ist dieser Gott in Brasilien sehr alt und hat die Bewegungen eines Tattergreises. Als ich den Tanz zum ersten Mal miterlebte, wirkten die Bewegungen unwillkürlich und schlichtweg als die Bewegungen eines alten, kranken, gebrochenen Menschen auf mich. Die Haltung ist gebeugt, der Schritt unsicher, der Rhythmus gestört, die Koordination fahrig. Es erinnerte mich an ein Stottern. Dann merkte ich, daß in diesem Stottern und tatterigen Herumtasten System war. Und dann entfaltete sich das großartige Panorama einer angereicherten Innenwelt, wie sie vielleicht alte, reife und weise Menschen besitzen mögen. Schon allein das Zuschauen ließ mich in einen sehr merkwürdigen Bewußtseinszustand verfallen, den ich von Krankheitsphasen kannte – ich fühlte mich völlig aufgelöst, aufgebrochen und gleichzeitig magisch angezogen von diesem irregulären feinen Schütteln, das den Körper durchzog. Später, als ich diesen Tanz meinen Kolleginnen, die sich mit Psychomotorik beschäftigen, zeigte und wir gemeinsam diese spezifische Energiegestalt zu erarbeiten versuchten, spielte ich eine Trommelmusik dazu ab, die ich aus Brasilien mitgebracht hatte. Obwohl wir alle jung und gut trainiert waren, verfielen wir nach und nach in diesen Zustand der Brechung, der Gebrochenheit. In der Nacht träumten viele von uns von geistigen und körperlichen Behinderungen, die sich jedoch als besondere Begabung herausstellten. Tatsächlich sind diesem Gott die Behinderten geweiht, was wiederum auf einen Mythos zurückgeht, in dem dieser Gott als der Schöpfer der Behinderungen Reue zeigt und die Betroffenen unter seinen persönlichen Schutz stellt. Da sich die Psychomotorik sehr viel mit Behinderungen von Kindern beschäftigt, schien dies das geeignete Thema zu sein, mit dem wir uns noch lange und ausgiebig hätten befassen können.

6. Physiologie

Es gibt ein Körpergefühl, das uns in Kontakt bringt mit der Befindlichkeit von Alter und Krankheit, aber auch von Reife und Weisheit. Wie sich ein alter und kranker Körper anfühlt, können wir uns ungefähr ausmalen, da es darüber viele Berichte gibt. Wie aber fühlt sich der Körper eines reifen und weisen Menschen an? Wir im Westen haben die Vorstellung, Reife und Weisheit betreffe nicht den Körper, sondern sei längst über ihn hinausgewachsen. Der Tanz des alten Gottes lehrt uns, daß dies ganz im Gegenteil der Fall ist. Der Körper ist immer noch der Container und das Kontinuum, als den wir ihn kennen, aber er ist brüchig und transparent geworden. Die Sinne funktionieren irgendwie anders. Sie sind nicht mehr in den strengen Dienst der Befriedigung eingespannt, sondern können die Welt einfach so auf sich wirken lassen. Die Welt muß nicht mehr genutzt, bewältigt, bewiesen oder gerechtfertigt werden. Nicht einmal Abgrenzung ist mehr notwendig, weil in der funktionslosen Weise des Daseins – wir würden vielleicht von der Sinnlosigkeit oder dem Unsinn des Daseins sprechen – die Einheit von allem, was da ist, immer mehr ins Auge fällt und auch nicht mehr aus dem Blick entfernt werden muß, um sich zu konzentrieren, zu fokussieren, zusammenzureißen, »um etwas zu werden«. Alles ist da – das zu sehen, zu erleben und zuzulassen ist Reife. Tiefe Entspannung ist ein angenehmes Nebenprodukt. Der Körper scheint aus der Kontrolle zu geraten, indem er danebentritt oder tastend den Raum absucht. Doch dieser Kontrollverlust weist weniger auf Verlust als auf Gewinn hin.

7. Ressource

Die Tugend des Nicht-Tuns.
Ein Mythos erzählt also von einem alten Gott, der seine Taten bereut. Es sind seine mißlungenen Schöpfertaten. Nicht umsonst haben wir es hier mit einem alten Gott zu tun, denn bei einem alten Gott ist es eher als bei einem jungen zu erwarten, daß es Zeiten der Besinnung und Einkehr gibt, vor allem da die im Schöpferrausch und mit ungebrochener Schaffenskraft vollbrachten Taten so viele sind, daß es sich lohnt, das Ganze, was da in die Welt gesetzt wurde, im Überblick zu betrachten und Bilanz ziehen zu wollen. Im Westen, wo der Produktivität im Gegensatz zur Muße absoluter Vorrang eingeräumt wird, steht es mit der Bewertung einer solchen grundlegenden und ganzheitlichen Bilanz schlecht. Zu groß ist die Gefahr, daß sich vieles, was produziert wurde, als sinnlos und nutzlos erweisen würde und der Preis, der dafür an Lebensqualität gezahlt wurde, unverhältnismäßig hoch erschiene. Dann müßte das Fortschrittsdenken angezweifelt, Produktivität als teurer Spaß gedrosselt und Muße zugelassen werden. Tatsächlich wurde solches auch immer wieder gefordert, jedoch bis jetzt nie auf kollektiver Basis verwirklicht. Auf individueller Ebene hingegen gibt es durchaus auch in der Jugend schon Momente des Innehaltens, in denen der Reiz des Lebens nicht in der fortgesetzten und ausgeführten Tatkraft liegt, sondern im Ruhenkönnen, im Verweilen, im Dasein, das keiner Rechtfertigung bedarf. In dieser unproduktiven Phase können wir erst richtig Kontakt aufnehmen mit der Essenz des Daseins, können wir sinnlich erfassen und begreifen, was Dasein heißt: Wir erleben, daß alles da ist und immer schon da war und nur durch die Produktivität unseres Bewußtseins, das die Welt immer wieder erschaffen will, um sie zu besitzen und sich ihrer sicher zu sein,

die Illusion von Getrenntheit entsteht. In der Muße ahnen wir die Einheit allen Seins, spüren die lebendige Energie, die alles durchströmt, und die auch uns, wenn wir es zulassen, mit allem, was ist, verbindet.

8. Verankerung im Körper

Diese Energiegestalt konzentriert sich im obersten Bereich des Körpers, nämlich im Scheitel. Der Scheitel als Energiezentrum steht in direkter Verbindung mit der nährenden Kraft der Sonne und dem erhellenden, erleuchtenden Einfluß des Lichts. Der Scheitel ist auch verbunden mit jenen Sphären, die den Gesetzen der Schwerkraft enthoben sind und als Ort des Himmels jenes Wissen aufbewahren, das als Essenz und Bilanz eines durchlebten Lebens eine Vorstellung von Einheit und Ganzheit bildet. Solche Vorstellungen gibt es in allen Traditionen, und sie werden oft in Zusammenhang gebracht mit der Ewigkeit des Geistes, wobei auch die Seele (der Teil, der nach C.G. Jung gemeinsam mit der Psyche die *anima* bildet) in diese Ewigkeit eingehen kann. Im Scheitel sind wir verbunden mit jenem Teil in uns, der sich unsterblich anfühlt und der nicht den Gesetzen von Schwerkraft, Trägheit und Gewohnheitsbildung unterliegt. Ekstase ist der Zustand, in dem wir in einem kurzen Augenblick eine Gewißheit erleben, die jenseits allen Wissens ist, alle Unterschiede, Trennungen und Grenzen aufhebt und jenes stille Glücksgefühl verschafft, das aus der Erfahrung von umfassender Vollendung erwächst. Das Lebendige, das immer unvollendet bleiben muß, weil das Fortschreiten des Lebens innerhalb der Zeitlichkeit ein Geschehen mit offenem Ende ist, wird in der ekstatischen Erfahrung jäh aus seinem zeitlichen Rahmen gerissen und als Vision einer göttlichen Idee, eines Planes und einer sinnvollen Absicht gesehen. Dabei handelt es sich bei diesen Visionen nicht um Erkenntnisse, die sich durch nachdenken erschließen, sondern um geistige Bilder, die geschaut werden. Sie sind immer da, aber meist nicht zugänglich. Durch Meditation können wir einen Zugang finden. Auch durch Erschütterungen, Krisen, Krankheiten bahnt sich der Zugang als Spontanerlebnis an, ist aber schwieriger in den Gesamtzusammenhang unseres alltäglichen Lebens zu integrieren.

9. Verankerung im Alltag

Eine uralte Weise, den Zugang zu den unsterblichen Anteilen in uns aufrechtzuerhalten, ist der Gedanke an den Tod. Dieser Gedanke sollte jedoch nicht Angst auslösen, sondern Ernst. Der Tod als bester Lebensberater schaut über die linke Schulter und gibt seinen Kommentar. Er läßt das Leben unter einem anderen Aspekt, in einer anderen Perspektive sehen. Das Leben ist immer unvollendet, aber die Idee der Vollendung treibt uns an, in unsere Betrachtungsweise und in unsere Urteile das Wissen darum, daß alles zwei Seiten hat, einzubringen. Die andere, die unsichtbare, ungelebte, ausgegrenzte, verdrängte Seite wird hineingeholt ins Bewußtsein – Vereinigung des bislang Unvereinbaren, Versöhnung des Unversöhnten findet statt, und sei es auch nur im Bewußtsein. So entsteht das Ideal des Friedens, das trotz aller Erfahrung der Gespaltenheit, der Zweifel und der Zerrissenheit immer wieder angestrebt wird, weil es eine tiefe Befriedigung verspricht. Die Verankerung der Friedensidee im Alltag kann durch Phasen der Stille und der Besinnung, auch des Gebets oder der Meditation gefördert werden.

10. Ausrichtung

Der Weg der Versöhnung.
Bei dem Wort Versöhnung muß ich immer an die Parabel von dem Sohn, der auszieht und heimkehrt, um sich zu versöhnen, denken. Auch hier hilft die Vorstellung eines gewissen Alters, denn alles braucht seine Zeit: das Ausziehen und die Trennung, die Erfahrungen, die draußen in der Fremde gemacht werden, das Gelingen und Mißlingen, und schließlich der Entschluß zur Heimkehr, der lange gereift ist, bevor er in die Wirklichkeit umgesetzt wurde. Auch kann das Alter lehren, daß die zahlreichen und vielfältigen Erfahrungen, seien sie gut, seien sie schlecht, alle die Vorstellungen, Entscheidungen, Glaubenssätze, Entschlüsse, daß all das, was wir Bewußtseinsinhalte nennen, Energie bindet. Gelingt es uns einmal, einen Blick zu werfen in den Zustand des inhaltlosen Bewußtseins – im europäischen Denken gleicht das einem Paradoxon –, dann erleben wir die ungeheure Befreiung, die darin liegt. Reifen heißt also nicht nur, die Produktivität in eine bestimmte Endphase überzuleiten, in der die Produkte fertiggestellt werden, woraufhin dann die Phase einer neuen Produktion erfolgt, sondern die Produktivität als solche zu hinterfragen, zu drosseln, rückgängig zu machen, indem die investierte Energie zurückgenommen und nicht neu investiert, sondern neutralisiert wird. Das gibt dem Weisen und Heiligen seine leuchtende Ausstrahlung: als reine Energie, die von ihm ausgeht.

11. Pole

Unerlöster Pol:
Gebrochen, gebrechlich, dahinsiechend, ohne Spannungskraft und Lebenswillen, mürbe geworden, abgeklärt bis

227

verbittert, in sich verschlossen, müde, voller Lebensverachtung und nicht daran interessiert, die eigenen Erfahrungen weiterzugeben, das eigene Wissen zu ordnen und als Weisheit zu vermitteln, um andere daran teilhaben zu lassen

Erlöster Pol:
Weise, väterlich fürsorgend, Lehrer und Gelehrter, Weiser, der sein Wissen in den Dienst der Friedensstiftung stellt, Stifter, Gründer, Vorbild, Heiliger

12. Lebensaufgabe

Wie komme ich von dem unerlösten Pol der Gebrochenheit zu dem erlösten Pol von Reife, Weisheit und Zufriedenheit?

13. Heilritual

Zufriedenheit leben.

Claudia, 59, Philosophin, erzählt:
»Zufriedenheit ist auch in der europäischen Tradition der Philosophie ein angestrebtes Ziel. Doch konnte ich meinen Schülern bislang immer nur stoische Gelassenheit, ein gewisses Maß an Apathie, also Verzicht auf Passion, auf Pathos, auf Leidenschaft und Engagement, als Weg zu diesem Zustand anbieten und kluge Welt-Entsagung preisen, was natürlich auf wenig Überzeugung stieß. Das hat nicht unbedingt mit der Jugend meiner Schüler zu tun. Mir selbst kam der Preis für die Ruhe als einer abgeklärten und vielleicht auch abgesättigten oder abgebrühten Zufriedenheit im Sinne von Selbstzufriedenheit zu hoch vor, erinnerte er

mich doch an die Friedhofsruhe des ewigen Friedens, der einen das Leben in seiner unmittelbaren, ungezähmten und wilden Lebendigkeit kostet. Nun aber, nach einem Einführungskurs in Buddhismus habe ich etwas anderes kennengelernt: Hier wird von einer Zufriedenheit gesprochen, die mir schmecken könnte. Ich erkläre es mir so: Der Lebensweg führt über die Befriedigung der Triebe und der Erkenntnis, daß dies nicht weit beziehungsweise immer im Kreis herum führt, zur Idee des Friedens. Das ist eine Idee, die Geschichte gemacht hat und ungeheuer wichtig war. Vergegenwärtigen wir uns, daß früher, also etwa im Mittelalter noch, das Kriegführen die normale Art war, etwas zu kriegen, und Waffenstillstände nur durch mühsame Verhandlungen erreicht werden konnten, dann ist das Bemühen um mehr Frieden in der Welt doch schon fortgeschritten. Immerhin ist der Frieden der Normalzustand und der Krieg die Ausnahme. Zumindest bei uns in Europa und das erst in letzter Zeit. Also die Idee des Friedens ist großartig, aber leider nur eine Idee. Das heißt: Es ist nicht nur ein Wunsch, sondern ein Konzept, das wir entwerfen, und es enthält sein eigenes Gegenteil, den Nicht-Frieden. Durch die Hintertür kommen in der noch so friedlichen Gesellschaft – und gerade dort – wieder Bedürfnisse nach Habenwollen, Kriegführenwollen, nach Macht, nach Gewalt. Sollen wir unseren Bedürfnissen nachgeben oder verzichten? Eine dritte Alternative bietet sich an, wenn ich Kontakt aufnehme mit der Grundlage meines Daseins, jener Lebensenergie, die mich durchströmt und alle anderen Lebewesen auch. Das befriedigt meinen Hunger nicht, aber es vermittelt mir Zufriedenheit – es bringt mich auf eine andere Ebene sowohl des Habenwollens als auch der Friedensidee. Die dritte Ebene ist die des unmittelbaren Erlebens von Sein, von Energie, und diese Ebene kann sich durch Meditation erschließen. Seitdem mache ich vor den

Philosophiestunden immer ein paar meditative Übungen, die mich erleben lassen, daß es noch andere Daseinsarten gibt als das Denken. Sicher: Ich kann Frieden denken. Ich mache den Frieden als Konzept. Aber ich kann diese Energie, die dahintersteht, auch zu erspüren versuchen. Erst das körperlich und sinnlich vermittelte Erlebnis macht zufrieden – es ist die Körperebene der Sinne, die sich öffnen. Das macht den Unterschied. Meine Schüler nehmen mit Begeisterung teil.«

Die Erneuerung der Erde

Ich bin immer wieder gefragt worden, ob es denn in dem Yoruba-Pantheon keine Erdgottheiten gäbe, insbesondere eine Erdgöttin. Zwar konnte ich auf den Klagegott hinweisen, der zu den Erdgottheiten gezählt wird, und ich konnte auf Nana verweisen, die als eine geheimnisvolle Figur ihre Herkunft von einer androgynen Mondgottheit aus der westafrikanischen Tradition der Fon-Stämme bezieht und in die Yoruba-Tradition der afro-brasilianischen Kulte als Nebenfigur aufgenommen wurde, nämlich als erdgebundene alte Mutter des Klagegottes. Ich konnte jedoch kein Loblied von jenen beiden, vom Klagegott und seiner Mutter, singen. Der Klagegott hatte nämlich allen Grund zum Klagen: Er ist von seiner Mutter verstoßen worden. Dies ist kein seltenes Vorkommen in der antiken Götterwelt – auch Hera verstößt Hephaistos als Neugeborenen, weil er ihr zu häßlich ist. Mehr noch – sie stößt ihn vom Himmel herunter, so daß er sich zusätzlich zu allen angeborenen Behinderungen nun auch noch als hinkender Krüppel durch das Leben schleppen muß. Ähnlich geht es dem Klagegott. Das kommt also vor unter Gottheiten. Ärgerlich wird die Angelegenheit erst dann, wenn Ausschau gehalten wird nach einer Erdgottheit, die dem indianischen Vorbild einer guten Mutter entsprechen kann. Und hier mußte ich bislang immer passen, weil ja nun die Yoruba-Erdmutter eben keine gute Mutter ist. Im Gegenteil: Die Tragödie, die sich zwischen Mutter und Sohn in Vorzeiten abgespielt haben muß, wird im kollektiven Gedächtnis erhalten und immer wieder neu in Erinnerung gerufen. Durch eine Art Psychokosmodrama werden die alten Wunden wieder aufgerissen und bewußtgemacht: Im Kult des Klagegottes erscheint dieser als Schwarzer Mann, der furchterregend und herzzerreißend zugleich sein Leid öffentlich darstellt. Gleich hinter ihm tritt Nana auf: eine gewichtige Matrone, die ihre Macht über den Sohn zur Schau trägt. Ob das wohl als

Vorbild dienen kann? Andererseits bemerkte ich, wie gerne, mit welcher geheimen Schadenfreude ich diese Geschichte immer erzählte. Irgendwie schien sie mir ein geeignetes Gegengewicht zu der oft romantisch schwärmerischen Verehrung der Erde als Innbegriff des Weiblichen, des Mütterlichen und Guten. Hier war plötzlich eine Schattengestalt auf die Bühne getreten, und alle Augen mußten mit ansehen, daß hier offensichtlich ein blinder Fleck in der Erd-Mythologie bestand. Die Wahrnehmung war gezwungen, diesen Anti-Erdmythos zur Kenntnis zu nehmen. Nun erzählte ich auch ungefragt davon. Ich begann ein Verhältnis zu Nana zu entwickeln, wollte mehr über sie wissen. Und ich erfuhr, daß sie sich in manchen Kulten als große Zauberin, als betörende Kokotte gezeigt hatte, daß sie die Gabe besaß, mal uralt und mal ganz jung zu erscheinen. Auch was ihre Körpergestalt betraf, war da eine seltsame Unstimmigkeit, meistens war sie eine fette Matrone, aber manchmal konnte sie leichtfüßig und grazil wirken. Mir fielen dazu Redewendungen ein, die ich immer wieder im Zusammenhang mit Alter und Altersversorgung gehört hatte. So zum Beispiel: Du bist so alt, wie du dich fühlst. Sollte Nana den Schlüssel zu einem solchen wandelbaren, aufnahmebereiten, lernfähigen Selbstbewußtsein haben? Das wäre für Gottheiten gar nicht typisch. Ich beschloß, Nana als Mensch und als Person zu sehen. Ihr Schicksal erzählte mir etwas sehr Menschliches und Persönliches, was Götter nicht haben, weil sie es nicht brauchen: Es ist das Bedürfnis nach Wandlung. Ich meine nicht Verwandlung. Ich meine jenen Prozeß, der einen von einem Zustand zum anderen transportiert und dabei die ganze Persönlichkeit in Mitleidenschaft zieht. Die Person ist anders geworden. Sie wird nie mehr so sein wie vorher. Es ist ein irreversibler Prozeß des Lernens. Ich begann mich also zu fragen: Kann Nana aus der Geschichte lernen? Auch fragte ich mich nach den Bedingungen, die es bräuchte, um ein solches Lernen zu ermöglichen und in der Wirklichkeit, im Alltag zu verankern.

Das letzte Mal, als ich in Brasilien war, nahm ich Abschied. Ich hatte gemerkt, daß meine Lehr- und Wanderjahre beendet waren, und ich hatte keinen Ort gefunden, an dem ich mich gerne niedergelassen hätte. Ich löste meine Verankerungen, lichtete die Anker. Der Nostalgie halber fuhr ich noch einmal nach Salvador/Bahia, wo ich die meiste Zeit gewesen war. Wir fuhren im Auto durch die Stadt und hatten für einen Moment eine herrliche Aussicht über das Lichtermeer. Da war der Funkturm, die Radiostation. In der Nähe lag jene Kultstätte, in der meine Forschungen begonnen hatten. Sie befindet sich mitten in den Slums. Freunde mußten mich damals hinfahren, um sicher zu sein, daß mir nichts passierte.

»Wie ist es heute dort?« frage ich die Journalistin, die sich mit der Stadtplanung in Bahia auskennt. »Oh«, sagt sie, »eigentlich wie immer. Aber die Priesterin hat gewechselt – Du weißt ja, Mae Meninha, die Mutter der Weite, ist gestorben. Nun hat die Tochter die Nachfolge übernommen.« »Und welcher Gottheit gehört sie an?« frage ich. »Nana«, höre ich als Antwort. Und plötzlich halte ich es für möglich, daß die Erde dazugelernt hat, daß die Erde selbst lernfähig ist.

»Wir werden es schaffen«, juble ich.

Nachwort

Wir haben nun zwölf Wege, Kräfte und Gefühle kennengelernt. Natürlich gibt es sehr viel mehr als diese hier beschriebenen, aber sie entsprechen den Göttern des afro-amerikanischen Kultes, den ich in meinem Buch *Von Göttern besessen* geschildert habe. Es kann gut sein, daß Sie sich zum einem oder anderen dieser Götter hingezogen fühlen und daß manche dieser Gefühlsgestalten Ihnen fremd geblieben sind. Es kann sein, daß Sie aus den beschriebenen Wegen Inspiration für Ihren Alltag erhalten haben und daß Sie gewisse Kräfte besonders für sich nutzen können. Doch im Nachwort soll nun weniger die Vielfalt und Auswahl zu Worte kommen als die Bedeutung der Wege, Kräfte und Gefühle in bezug auf das Ganze, das alles in sich vereinigt und die große Einheit darstellt.

Auf allen Wegen entdecken wir die Fähigkeit zur Bewegung, ebenso wie die Fähigkeit, bewegt zu werden. Hinter allen Kräften spüren wir die Quelle der Kraft, die durch uns fließt und in verschiedenster Weise sich zeigt. Bei allen Gefühlen, so unklar, gemischt und vieldeutig sie auch erscheinen mögen, erleben wir etwas, was uns lebendig fühlen läßt.

Während Emotionen auf die psychische Fähigkeit des Bewegtwerdens bzw. der Gefühlsbewegungen verweist, sind Gefühle eher etwas, was eine in sich abgeschlossene Form hat. Wir reagieren emotional. Wir haben Gefühle. Emotionen werden als Reaktionen gewertet, Gefühle als Interpretationen. Solche Interpretationen können zur Gewohnheit und zu einem festen Bestandteil einer bestimmten Weltanschauung werden. Dieses Buch möchte eine solche Verfestigung alltäglicher Glaubenssysteme nicht verstärken, sondern im Gegenteil dazu auffordern, jede Erstarrung aufzulösen, um wieder in den Fluß des Lebens einzutauchen.

Erfreuen wir uns an unserer eigenen Beweglichkeit auf allen Wegen, die wir gehen!

Erleben wir in allen Kräften die Bestätigung unserer eigenen Lebendigkeit, die sich aus einer einzigen Kraftquelle speist!

Erlauben wir uns, Gefühle zu haben! Erlauben wir uns auch, diese Gefühle immer wieder loszulassen. Erlauben wir uns, immer wieder in Fühlung zu gehen mit dem Wunder unseres eigenen Lebens, das uns dann nicht nur verwunderlich, sondern auch wunderbar erscheinen mag!

Das Wissen um die Große Einheit ist auch in den afroamerikanischen Kulten enthalten, insofern hinter allen Göttern ein Gott steht, der jedoch nicht in Erscheinung tritt. Es ist dies weniger ein *deus absconditus* als ein *deus remotus*. Was auch immer die Gründe für die Entfernung des Gottes sein mögen – seine Ferne und der menschliche Zustand der Trennung sind eine lebenslange Aufforderung, die Vereinigung wieder herzustellen.

Auf allen Wegen, mit all unseren Kräften und vor allem durch unsere Gefühle finden wir täglich Gelegenheit dazu.

Literatur

Bateson, Gregory, *Ökologie des Geistes. Antropologische, psychologische, biologische und epistemologische Perspektiven*, Frankfurt 1985

Bramly, Serge, *Macumba*, Freiburg 1978

Chögyam, Ngakpa, *Der fünffarbige Regenbogen. Energiearbeit mit der Farb- und Elementsymbolik des tibetischen Tantra. Einl. v. Stephan Glascoe*, Freiburg 1994

Gonzalez-Wippler, Migene, *Die moderne Kabbala. Über die Beziehung zwischen Mensch und Kosmos*, Freiburg 1995

Goodman, Felicitas D., *Die andere Wirklichkeit. Über das Religiöse in den Kulturen der Welt*, München 1994

Hasselmann, Varda/Schmolke, Frank, *Archetypen der Seele. Die seelischen Grundmuster. Eine Anleitung zur Erkundung der Matrix*, München 1996

Hoffman, Kay, *Ganzheit des Lebens*, Inning 1995

Hoffman, Kay, *Tanz, Trance, Transformation*, Inning 1991

Hoffman, Kay, *Trance und Tanz. Neue Wege in Selbsterfahrung und Therapie. Mit Musik von Rolf Exler auf CD*, München 1993

Hoffman, Kay, *Traumzeiten*, Inning 1996

Hoffman, Kay, *Von Göttern besessen*, München 1986 (zur Zeit vergriffen. Voraussichtlich ab Herbst 1997 wieder im Buchhandel erhältlich.)

Hoffman, Kay/Schneider, Maria/Haberzettl, Martin, *Body Mind-Management und magischer Realismus. NLP – Body – Trance – Feldenkrais*, Paderborn 1996

Jonas, Hans, *Das Prinzip Leben. Ansätze zu einer philosophischen Biologie*, Frankfurt 1994

Jung, C.G., *Zur Psychologie westlicher und östlicher Religion, Gesammelte* Werke, Bd. 11, Olten [6]1992

Krings, Hermann/Baumgartner, Hans M./Wild, Christoph (Hg.), *Handbuch philosophischer Grundbegriffe*, 6 Bde., München 1973

Maturana, Humberto, *Was ist erkennen? Mit einer Einf. v. Rudolf zur Lippe*, München 1996

Mead, George H., *Geist, Identität und Gesellschaft. Aus der Sicht des Sozialbehaviorismus. Einl. v. Charles W. Morris*, Frankfurt 1973

Moreau, Pierre F., *Spinoza. Versuch über die Anstößigkeit seines Denkens*, Frankfurt o.J.

Neimark, Philip J., *Die Kraft der Orischa. Traditionen und Rituale afrikanischer Spiritualität*, Bern/München/Wien 1996

Ornstein, Robert, *Multimind. Wie die neue Hirnforschung unser Verhalten erklärt*, Paderborn 1988

Phillips, Rick, *Flügel für das göttliche Kind. Heilung der Gefühle durch das Höhere Selbst*, Braunschweig 1996

Pollock, Maud Nordwald, *Kommunikationsmethoden und Lernstrategien. Vom Herzen durch die Hände. Bedingungslose Liebe und Therapeutic Touch. Eine neue Methode des Heilens*, Freiburg 1994

Reyo, Zulma, *Innere Alchemie. Der Weg der Meisterschaft. Vorw. v. Andreas Mavromatis*, Freiburg 1995

Sloterdijk, Peter (Hg.), *Aristoteles. Ausgew. u. vorgest. v. Annemarie Pieper*, München 1995

Sloterdijk, Peter (Hg.), *Platon. Ausgew. u. vorgest. v. Rafael Ferber*, München 1995

Whorf, Benjamin Lee, *Sprache, Denken, Wirklichkeit. Beiträge zur Metalinguistik und Sprachphilosophie*, Reinbek 1970